100 YEARS OF ARCHAEOLOGY
IN ZHENGZHOU

郑州百年考古

1921—2021

顾万发　主编

郑州市文物考古研究院　编著

图书在版编目(CIP)数据

郑州百年考古 / 顾万发主编. -- 郑州：大象出版社，2024.12
ISBN 978-7-5711-2119-8

Ⅰ. ①郑… Ⅱ. ①顾… Ⅲ. ①考古工作-郑州 Ⅳ. ①K872.611

中国国家版本馆CIP数据核字(2024)第026887号

郑州百年考古
ZHENGZHOU BAINIAN KAOGU

顾万发　主编
郑州市文物考古研究院　编著

出 版 人	汪林中
责任编辑	张　琰　李小希
责任校对	安德华　李婧慧
装帧设计	唐若冰
责任印制	张　庆

出版发行	大象出版社（郑州市郑东新区祥盛街27号　邮政编码450016） 发行科　0371-63863551　总编室　0371-65597936
网　　址	www.daxiang.cn
印　　刷	郑州新海岸电脑彩色制印有限公司
经　　销	各地新华书店经销
开　　本	787 mm×1092 mm　1/8
印　　张	37
字　　数	332千字
版　　次	2024年12月第1版　2024年12月第1次印刷
定　　价	298.00元
审 图 号	GS(2023)4593号

若发现印、装质量问题，影响阅读，请与承印厂联系调换。
印厂地址　郑州市鼎尚街15号
邮政编码　450002　　　　电话　0371-67358093

编撰委员会

主　任：顾万发

副主任（按姓氏笔画排序）：

　　　王成福　王金超　何学广　赵舒琪　胡　鹏

编委会委员（按姓氏笔画排序）：

　　　刘彦锋　杜　新　李建和　吴　倩　郝红星　信应君

主　编：顾万发

副主编：杜　新　李建和

编　辑：刘彦锋　焦建涛

卷首语

考古学和博物馆学是密切联系的学科，有互相关联的理论、方法、技术手段及语言表达、叙事方式；而两者也有相对独立的学科特色、运行实践场景和理路。藏品和学术成果，是博物馆事业的重要基础之一。多年来，博物馆事业获得长足发展，考古学为之发挥了重要作用，这让博物馆界逐步认识到，一个与考古有关的展陈，若没有好的考古元素，很难做好。这也即是讲，考古本身参与博物馆陈览越来越重要。从国际、国内文化遗产公众保护和传播实践观察，建立考古博物馆是陈览事业中体现考古作用的一种非常有效的创新形式。

考古博物馆，多是以考古人为主参与内容供给，表现内容和讲解中有更为鲜活的现场感，陈览的标本更注重本身价值性和系统性，表现遗迹、遗物更注重环境、组合和聚落，解读更注重将最新的学术成果跟踪转化，也更易于和考古行业自己发掘管理的遗址或遗址公园结合开展研学。因此参照博物馆行业本身多年的成熟经验，考古博物馆在文化遗产公众传播等方面有更多的资源和更新的形式和创意。

"考古学界要……做好出土文物和遗址的研究阐释工作，把我国文明起源和发展以及对人类的重大贡献更加清晰、更加全面地呈现出来，更好发挥以史育人作用。"国务院办公厅印发的《"十四五"文物保护和科技创新规划》（国办发〔2021〕43号）等文件，明确提出文化遗产领域应该加强考古研究成果的传播，利于文旅文创融合。

2021年恰逢仰韶文化发现100周年，也是中国现代考古学诞生100周年。作为最早与中国仰韶文化的发现研究和现代考古一路同行的考古城市之一，郑州考古行业希望为之做些什么，以呼应、庆祝和纪念。学人和同事们商讨这一问题，不约而同地认为应该举行一场展览，并且最好这个展览能够表现这100年来郑州考古事业随着行业和国家前行脚步发展的历程，既有对文化遗产活起来的国家号召的响应，又有对考古博物馆认知的践行。于是"郑州百年考古"展览事项就作为郑州市文物考古研究院2021年的重要工作被提上日程。

遵从考古博物馆创新理念，立足当前，考虑长远，方案设计突出考古、公众、学术、艺术、环保、节能、智能等重点，经过全院诸多学者和专业陈览设计团队的共同努力，郑州市文物

郑州市文物考古研究院考古博物馆"郑州百年考古"展览平面图

考古研究院考古博物馆如期建成。

考古博物馆主要设置总序厅和专题展厅3个，其中一层设置"郑州百年考古"展览。该展览以180米的长镜头展线重点展示郑州自20世纪20年代至今百年来重大考古成果，以时间为主线，以郑州地区不同时期重要考古发现为依托，诠释了郑州地区的考古文化及历史脉络，同时展示了郑州考古工作的发展历程、国际国内合作情况、考古学技术方法与研究思路变迁等。具体而言，除"序厅"外，"郑州百年考古"展览主要分四个部分：

郑州百年考古史

郑州是我国开展现代考古工作最早的地区之一。从1921年担任中国北洋政府农商部矿政顾问的瑞典学者安特生派遣助手姚某到河阴县（今荥阳市）调查开始，到2021年被专家命名为"河洛古国"的巩义双槐树遗址被评为2020年度"全国十大考古新发现"，郑州的考古事业已有百年历史。

郑州地区不同时期考古

郑州是中华文明的重要发源地之一，考古学文化一脉相承，链条完整。旧石器时代，远古先民在这里繁衍生息，绵延不断；新石器时代，这里形成了李家沟文化、裴李岗文化、仰韶大河村文化与河南龙山文化，其中仰韶文化中晚期出现文明因素综合载体河洛古国。龙山时期文明社会逐渐走深走实，出现了王城岗夏王朝首都和新砦夏王朝启都。至于商时期，商人建都立国，经营天下，这里又成为商朝首都。周秦汉唐及明清时期，郑州虽不是都城，但仍为畿内要区或经济文化重地，发挥着积极的枢纽作用。

郑州文化遗产辉煌灿烂，有不可移动文物8000多处，其中史前及夏商周时期城址40余处，有4项入选"中国20世纪100项考古大发现"，15项入选历年"全国十大考古新发现"。

创新发展

新时代，在党和国家及省市各级领导的关心支持下，郑州的科技考古应用不断发展，行业装备及视觉形象 VI 系统建设更加规范，文化遗产保护研究成果不断涌现，国内、国际学术交流与合作不断深化，公共考古取得重大发展，考古成果进一步惠及大众，真正做到了"让文化遗产活起来"。

光辉历程

郑州考古事业是在国家政策支持下，经过一代代考古人的执着努力，才有今天的成绩。毫无疑问，考古博物馆库房里应收藏有关他们的文物资料，展线上应有他们的身影和成果。"光辉历程"将做出贡献的考古人与重大发现、考古学术成果、重大项目相互参照，让人、物、事一起从历史中走来。

"郑州百年考古"展览首次以考古学的视野，以公众传播的理念，向大众展示郑州地区类型全面、内涵丰富、链条完整、传承有序的历史文化遗存，以一种新的视角反映当时郑州地区社会、生产、生活的物质材料及人民精神信仰的象征符号。为更好地理解这一陈览思维，更好地宣传郑州人文精神，特将"郑州百年考古"展览主要内容进一步完善并整理出版，以飨读者，以志纪念！

2022 年 7 月

目　录

前　言 … 1

第一部分　郑州百年考古史 … 3

第二部分　郑州地区不同时期考古 … 13

一、旧石器时代 … 16
织机洞遗址 … 19

洪沟遗址 … 22

老奶奶庙遗址 … 23

赵庄遗址 … 26

方家沟遗址 … 28

西施遗址 … 31

李家沟遗址 … 35

二、新石器时代 … 40
（一）裴李岗文化 … 42
裴李岗遗址 … 42

唐户遗址 … 46

瓦窑嘴遗址 … 51

（二）仰韶文化 　　　　　　　　　　　　　　　　53

大河村遗址　　　　　　　　　　　　　　　　55

汪沟遗址　　　　　　　　　　　　　　　　　61

双槐树遗址　　　　　　　　　　　　　　　　63

青台遗址　　　　　　　　　　　　　　　　　72

点军台遗址　　　　　　　　　　　　　　　　78

秦王寨遗址　　　　　　　　　　　　　　　　80

西山遗址　　　　　　　　　　　　　　　　　82

（三）河南龙山文化　　　　　　　　　　　　87

古城寨城址　　　　　　　　　　　　　　　　89

王城岗遗址　　　　　　　　　　　　　　　　93

三、新砦期文化　　　　　　　　　　　　　　　98

新砦遗址　　　　　　　　　　　　　　　　　99

花地嘴遗址　　　　　　　　　　　　　　　106

四、二里头文化　　　　　　　　　　　　　　110

东赵遗址　　　　　　　　　　　　　　　　112

大师姑城址　　　　　　　　　　　　　　　116

望京楼遗址　　　　　　　　　　　　　　　122

洛达庙遗址　　　　　　　　　　　　　　　128

西史村遗址　　　　　　　　　　　　　　　128

稍柴遗址　　　　　　　　　　　　　　　　130

五、商王朝时期　　　　　　　　　　　　　　131

郑州商城　　　　　　　　　　　　　　　　132

河南省体育场商代祭祀遗址　　　　　　　　142

小双桥遗址　　　　　　　　　　　　　　　145

梁湖遗址　　　　　　　　　　　　　　　　150

关帝庙遗址　　　　　　　　　　　　　　　152

高庄遗址　　　　　　　　　　　　　　　　　　　155

　　　黄河路 109 号院晚商时期墓地　　　　　　　　　158

六、西周时期　　　　　　　　　　　　　　　　　162

　　　娘娘寨遗址　　　　　　　　　　　　　　　　　164

　　　官庄遗址　　　　　　　　　　　　　　　　　　169

　　　蒋寨遗址　　　　　　　　　　　　　　　　　　176

　　　洼刘遗址　　　　　　　　　　　　　　　　　　180

　　　展厅展出其他西周时期文物　　　　　　　　　　183

七、东周时期　　　　　　　　　　　　　　　　　184

　　　东周故城　　　　　　　　　　　　　　　　　　186

　　　郑韩故城　　　　　　　　　　　　　　　　　　188

　　　常庙城址　　　　　　　　　　　　　　　　　　197

　　　京城古城址　　　　　　　　　　　　　　　　　200

　　　展厅展出其他东周时期文物　　　　　　　　　　202

八、秦汉时期　　　　　　　　　　　　　　　　　205

　　　荥阳故城　　　　　　　　　　　　　　　　　　206

　　　苑陵故城　　　　　　　　　　　　　　　　　　210

　　　汉霸王城　　　　　　　　　　　　　　　　　　213

　　　长村壁画墓　　　　　　　　　　　　　　　　　215

　　　打虎亭汉墓　　　　　　　　　　　　　　　　　218

　　　展厅展出其他秦汉时期文物　　　　　　　　　　221

九、魏晋南北朝时期　　　　　　　　　　　　　　225

　　　北魏井平墓　　　　　　　　　　　　　　　　　227

　　　巩义芝田晋墓群　　　　　　　　　　　　　　　228

　　　展厅展出其他魏晋南北朝时期文物　　　　　　　229

十、隋唐两宋时期　　　　　　　　　　　　　　　　232
　　巩义白河窑　　　　　　　　　　　　　　　　　236
　　中国大运河通济渠（郑州段）　　　　　　　　　238
　　登封唐庄宋代壁画墓　　　　　　　　　　　　　245
　　展厅展出其他隋唐两宋时期文物　　　　　　　　251

第三部分　创新发展　　　　　　　　　　　　　　255

一、新时代的科技考古　　　　　　　　　　　　　258

二、文化遗产保护成绩斐然　　　　　　　　　　　260

三、美美与共　交流互鉴　　　　　　　　　　　　264

四、公共考古的探索与实践　　　　　　　　　　　269

第四部分　光辉历程　　　　　　　　　　　　　　271

一、组织机构　　　　　　　　　　　　　　　　　274
　　历史沿革　　　　　　　　　　　　　　　　　　275
　　历届领导　　　　　　　　　　　　　　　　　　275

二、硕果累累　　　　　　　　　　　　　　　　　277

结束语　　　　　　　　　　　　　　　　　　　　280

后　记　　　　　　　　　　　　　　　　　　　　281

前 言

郑州自古就是物华天宝、人杰地灵之地，自旧石器时代起，人猿相揖别，人类就在这片肥美的土地上繁衍生息；新石器时代，裴李岗文化、仰韶文化、龙山文化在此绵延发展，承继流转数千年不绝；至三代时期，郑州地区出现许多对区域文明发展具有深刻影响的重要遗址；秦汉隋唐以来，郑州居天地之中，留下了浩若繁星的文化遗存。

得天独厚的地理条件和历史积淀，吸引国内外的学者纷至沓来，郑州地区的考古工作，从最早的时间算起，距今已有近百年历史。

展览共分四个部分：郑州百年考古史、郑州地区不同时期考古、创新发展、光辉历程。

"郑州百年考古"展览序厅

第一部分 郑州百年考古史

郑州是我国开展考古工作最早的地区之一。1921年，担任中国北洋政府农商部矿政顾问的瑞典学者安特生派遣助手姚某到河阴县（今荥阳市）调查，1922年瑞典人T.J.阿尔纳在青台村一带收集新石器时代彩陶陶片，郑州考古事业的征程由此开启。

第一部分　郑州百年考古史展厅

1921 年

瑞典学者安特生在仰韶村首次发掘后，派助手姚某到河阴县调查，在黄河南岸发现了秦王寨、牛口峪和池沟寨三处遗址。

安特生（左二）在仰韶村首次发掘时的留影

1922 年

瑞典人 T. J. 阿尔纳在青台村一带收集新石器时代彩陶陶片，拉开了郑州考古事业的序幕。

1932 年

中央研究院历史语言研究所和河南省政府联合组建"河南古迹研究会"，标志着地方研究机构的兴起和发展。

1934 年

郭宝钧、赵青芳、韩维周、陈云路等人对塌坡、马峪沟、陈沟、青台等遗址进行发掘。

郭宝钧 　　韩维周

1950 年

河南省文物保管委员会成立。

韩维周发现郑州商代遗址。

河南省文物保管委员会赵全嘏、安金槐、裴明相对洛阳和郑州地区新发现的遗存进行调查。此次调查是新中国成立后，由河南省文物工作者所进行的首次考古调查。

郑州商城东城墙

1951 年

郑州市文物管理委员会成立。

在郑州市及巩县、登封等地发现史前遗址。

中国科学院考古研究所夏鼐、王仲殊、安志敏、马得志四位同志组成河南调查团，调查了南关外废碉堡（殷商遗址）等九处遗址，并对点军台、青台遗址进行了发掘，开启了郑州地区新中国成立后的首次考古发掘工作。

青台遗址远景

1952 年

中央人民政府文化部社会文化事业管理局、中国科学院考古研究所和北京大学联合举办了第一届考古工作人员训练班，为新中国培养了一大批优秀的考古工作者，郑州成为"中国考古学家"的摇篮。

第一届考古工作人员训练班开学典礼

1953 年

郑州市文物工作组成立。

1954 年

郑州市文物工作组改为河南省文化局文物工作队第一队。

1959 年

中国科学院考古研究所徐旭生带队在登封、巩县等地进行考古调查，寻找"夏墟"，从此拉开了考古学界探索夏文化的序幕。

徐旭生

1961 年

郑州市文物工作队组织勘测郑州商城遗址各段，郑州市人民委员会依据勘测数据制定并公布了《郑州商代遗址保护管理暂行规定》，规定商城城垣内外十米为保护区，并划出四面城墙的重点保护地段。

郑州商城遗址城墙

1962 年

郑州市文物工作队对郑州市第二十五中学院内的商代灰坑进行考古发掘。

1963 年

郑州市文物陈列馆与河南省文化局文物工作队联合发掘郑州商城遗址东北角夯土城墙。

1964 年

组织发掘陈庄遗址，这是郑州市文物陈列馆第一次主动发掘古遗址。

1965 年—1967 年

郑州市博物院考古组发现古荥冶铁遗址，次年进行试掘，1967 年正式开始发掘。

古荥冶铁遗址

1970 年

郑州市博物馆考古组发掘新通桥画像砖墓，出土了大量精美的空心砖画像砖。

1972 年—1975 年

郑州市博物馆考古组对大河村遗址进行连续发掘。

大河村遗址发掘现场

1974 年

郑州市博物馆考古组在郑州市张砦南街出土两件商代前期大型铜方鼎，一号鼎高 1 米，二号鼎高 0.87 米，这是郑州首次发现商代大型青铜器。

1977 年

夏鼐在"登封告成遗址发掘现场会"上指出，关于"夏文化问题"的论证，"首先应假定：（1）我们探讨的夏王朝是历史上存在过的，不像有些疑古派认为可能没有夏王朝。（2）这个夏文化有它一定的特点"。夏鼐指出"夏文化"讨论的前提是承认文献记载中的夏王朝为信史；"夏文化"能够在没有当时文字材料的情况下，从考古学中辨识出来。

王城岗遗址远景

1980 年

郑州市博物馆考古组发掘荥阳点军台遗址、郑州市郊纪信墓。

1981 年—1988 年

郑州市博物馆考古组先后两次对荥阳青台遗址进行大规模考古发掘。

1982 年

郑州市博物馆考古组与河南省博物馆联合发掘郑州商城东南向阳回族食品厂内的商代青铜器窖藏坑，出土珍贵青铜文物 13 件。

向阳回族食品厂青铜器窖藏坑

1989年—1998年

郑州市文物工作队、河南省文物考古研究所郑州工作站对郑州小双桥遗址进行了调查与发掘。

小双桥遗址宫殿区夯土台基

1990年—1995年

郑州市文物工作队（1995年改名为郑州市文物考古研究所）多次对荥阳织机洞遗址进行发掘。

织机洞遗址远景

1993年

郑州市文物工作队在登封县大金店乡王上村抢救发掘宋代壁画墓1座。

1994年

郑州市文物工作队对巩义洪沟旧石器遗址进行考古发掘。

1995年

郑州市文物考古研究所在登封市文物局配合下对登封告成袁窑二电厂郑国墓葬群进行发掘。

郑州市文物考古研究所在巩义市瓦窑嘴遗址进行发掘。

郑州西山仰韶文化城址、郑州小双桥遗址获1995年度"全国十大考古新发现"。

登封告成东周墓地3号墓

1996年

河南省文物考古研究所、郑州市文物考古研究所联合对郑州商城西城墙外南顺城街商代青铜器窖藏坑进行考古发掘。

南顺城街青铜器窖藏坑

1996年—2000年

郑州市文物考古研究所发掘郑国车马坑。

郑国车马坑

1996年—1998年

郑州市文物考古研究所发掘郑韩故城郑国祭祀遗址。该祭祀遗址被评为1997年度"全国十大考古新发现"。

郑国祭祀遗址铜礼器坑

1999年

郑州市文物考古研究所配合焦作至巩义黄河大桥引线工程进行文物钻探，发现龙山文化遗址1处、化石地点1处、晋墓13座，发现花地嘴遗址内有新砦期文化遗存。

花地嘴遗址祭祀坑

郑州市文物考古研究所与北京大学考古文博学院共同承担"夏商周断代工程"夏代早期文化研究项目，联合对新砦遗址进行正式发掘。

新砦遗址远景

1999年—2001年

郑州市文物考古研究所配合郑州高新技术产业开发区西拓重阳街工程对洼刘遗址西周墓地进行了考古发掘。被《1999中国重要考古发现》收录。

洼刘遗址西周时期墓址

2001 年

新密古城寨龙山时代古城被评为 2000 年度"全国十大考古新发现"。

新郑裴李岗新石器时代遗址的发掘、郑州商城遗址的勘探与发掘、新郑东周郑韩故城遗址的勘探与发掘、登封王城岗龙山文化遗址的发掘被评为"中国 20 世纪 100 项考古大发现"。

2002 年

郑州市文物考古研究所在郑韩故城发现大型制陶作坊遗址，郑韩故城的布局基本清晰。

2004 年

郑州大师姑夏代城址被评为 2003 年度"全国十大考古新发现"。

大师姑遗址远景

2008 年

新郑唐户遗址、荥阳关帝庙遗址被评为 2007 年度"全国十大考古新发现"。

唐户遗址房址及排水系统

2009 年

新郑胡庄墓地、荥阳娘娘寨遗址被评为 2008 年度"全国十大考古新发现"。

2010 年

新密李家沟旧石器至新石器过渡阶段遗址被评为 2009 年度"全国十大考古新发现"。

2011 年

新郑望京楼夏商时期城址被评为 2010 年度"全国十大考古新发现"。

望京楼遗址夯土台基

2012 年

郑州老奶奶庙旧石器时代遗址被评为 2011 年度"全国十大考古新发现"。

老奶奶庙遗址发掘现场

郑州市文物考古研究院发掘郑州东赵遗址。该遗址是到目前为止发现的嵩山以北地区第一座新砦时期的城址。

东赵遗址发掘现场

2014 年

中国大运河获准列入《世界文化遗产名录》，郑州段是大运河的重要组成部分。

中国大运河郑州段的自然风光

2015 年

郑州东赵遗址被评为 2014 年度"全国十大考古新发现"。

2018 年

新郑郑韩故城遗址被评为 2017 年度"全国十大考古新发现"。

郑韩故城城墙及护城河

2020 年

双槐树遗址被专家命名为"河洛古国"。

2021 年

巩义双槐树遗址被评为 2020 年度"全国十大考古新发现"。

双槐树遗址航拍

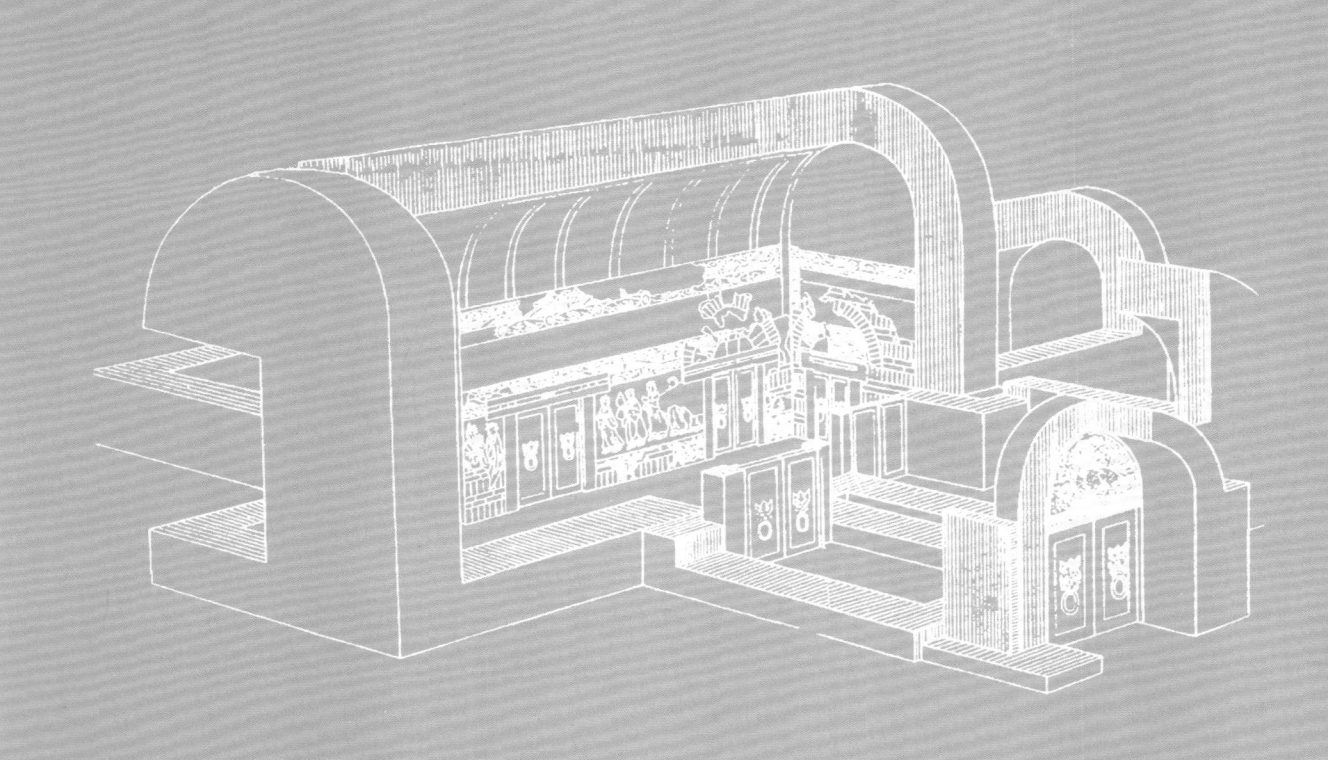

第二部分 郑州地区不同时期考古

郑州地处中原腹地，是中华文明的起源和发展的核心区域。在中华文明的历史进程中，这片土地上的文明不断传承和积累，留下了灿若星辰的文化遗迹，造就了郑州辉煌的历史文化。经过文物普查，郑州地区已发现不可移动文物8000多处，考古学文化内涵丰富、链条完整，其中有4项入选"中国20世纪100项考古大发现"，15项入选历年"全国十大考古新发现"。

第二部分　郑州地区不同时期考古展厅

一、旧石器时代

郑州地处嵩山东麓，交通便利，自然环境优越，属于黄土高原东南延伸的边缘地带。优越的地理地貌使这片土地尤其是在黄土地层内保留下来了丰富的古人类活动的遗迹、遗物。自2004年起，郑州市文物考古研究所（后更名为郑州市文物考古研究院）专门组建"郑州地区旧石器考古调查队"在郑州持续开展旧石器考古专项调查，到目前已发现400多处旧石器时代遗址和动物化石点，主要分布在荥阳、登封、巩义、新密、新郑西部及郑州西南部一带的浅山和丘陵地区。2009年秋季起，北京大学考古文博学院与郑州市文物考古研究院联合先后对李家沟、赵庄、黄帝口、西施、老奶奶庙、东施、方家沟等旧石器时代遗址进行发掘，取得了一系列重要收获，已初步建立起郑州地区自10多万年前至新石器初期的史前文化谱系，反映出以嵩山为中心的中原地区复杂的栖居形态和繁荣的旧石器时代文化，初步揭示了现代人类及其行为的出现与发展特点。其中荥阳织机洞遗址被考古证明距今10万年，被称为"中原第一洞"；距今5万年—3万年的郑州老奶奶庙遗址被称为"中国最古老的中心营地"；登封西施村发现以石叶为核心的晚更新世的石器制造场，距今2.6万年左右。数量众多的旧石器文化遗址和丰富遗物、遗存等构成郑州地区从远古迈向文明的辉煌历程。

旧石器时代和新石器时代展厅

哈佛大学教授 Ofer Bar-Yosef（欧弗·巴尔-约瑟夫）考察李家沟遗址

德国图宾根大学教授 Micholas J.Conard（米乔拉斯·J.科纳德）考察老奶奶庙遗址

日本奈良文化财研究所专家加藤真二到郑州市文物考古研究院参观旧石器时代整理基地

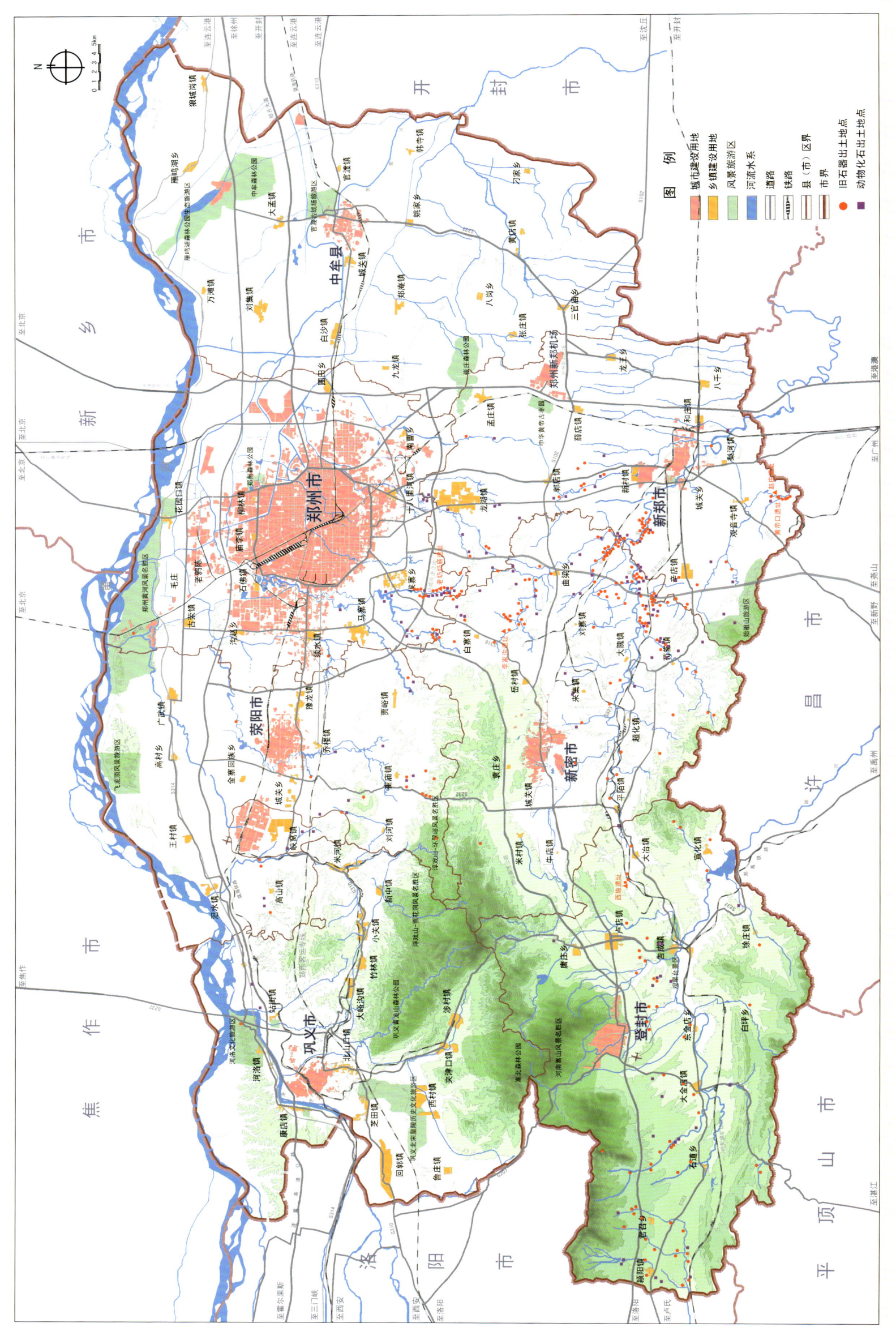

郑州市旧石器时代遗址分布图

织机洞遗址

织机洞遗址位于郑州市西南约50千米处的荥阳市崔庙镇王宗店村北，地处嵩山北侧的低山丘陵区边缘。该地丘陵绵延、沟壑纵横、水源充沛、植被丰富。1985年第二次全国文物普查时发现，1990年始获准进行试掘；1990年7月由郑州市文物工作队进行1次发掘；2001年至2004年，北京大学考古文博学院与郑州市文物考古研究所联合对该遗址又进行了3次发掘，发现其地层堆积之厚、文化遗迹遗物之丰富程度仅次于北京猿人遗址。因此学界将其认定为继北京周口店之后，旧石器时代洞穴遗址（至少在北方）的最重大的发现。

洞穴呈石厦状，口宽13—16米，进深21米以上，洞内面积达300余平方米。共发现文化堆积23层。发现用火遗迹17处，出土石制品2万余件、古脊椎动物化石2000余件。石制品中有大量的刮削器、尖状器、石锥、砍砸器、雕刻器、石锤等。发现有肿骨大角鹿、斑鹿、中华鬣狗、獾、鸵鸟、披毛犀、中华鼢鼠等动物的化石及数量较多的经过加工的兽骨。

织机洞遗址的发现与研究对于认识东亚晚更新世旧石器时代文化发展与交流十分重要。织机洞遗址拥有已知北方洞穴遗址中最丰富的石制品组合，石制品的种类、形状、打制方法等均体现了中国北方小石制品传统文化的特点。研究这些出土石器的特点可以把握中国以及

织机洞遗址

织机洞遗址发掘地层

东亚地区晚更新世旧石器时代文化发展的主线。

织机洞遗址位于我国中部,处于旧石器时代南北交流的重要且有利位置,而遗址内的发现正显示出它具有旧石器时代南北交流及哺乳类动物南北迁徙的驿站的作用。从目前古人类研究热点问题——现代人起源来看,中国距今10万年—5万年的材料还十分缺乏,织机洞遗址的考古材料填补了此项空白,具有重要的学术价值和现实意义。

双边刃刮削器

喙状尖状器

尖状器

凸刃刮削器

织机洞遗址出土石器

织机洞遗址出土骨器

洪沟遗址

洪沟遗址位于郑州西部的巩义市河洛镇洪沟村中部，北部距黄河约1千米，南距洛水约0.5千米，东北距神都山约1千米，属黄河与洛水汇流处的夹角地带，这里古称"洛汭"。遗址附近为海拔200米左右的浅山丘陵区，这里地势较高，位于黄土高原的东端，属于黄土高原的余脉延伸。洪沟一带的地层系邙岭下切中第四纪形成的多层松散状黄土堆积。

遗址于1994年3月被巩义市文化局文物保护管理所与河南省社会科学院河洛文化研究所发现，是一处露天的原地埋藏的旧石器时代中期晚段文化遗存，时代距今11万年以上。出土的动物化石异常丰富，但堆积相当杂乱，未发现肢体完整、齐全的动物遗骸。不同种类的动物化石与石制品、炭屑、烧土碎块等交错堆在一起或零散分布。经初步鉴定，动物化石有纳玛象、羚羊、斑鹿、赤鹿、猪、小型偶蹄类等动物的。其中以象的骨骸数量最多，约占70%，其次是赤鹿、羚羊的。

洪沟遗址文化遗存的特点是：大量的石制品、动物化石与用火痕迹共存；不同动物的骨骸杂乱堆积，肢体无一完整者；石制品均棱角分明。以上特点表明，洪沟当时是先民肢解、分食猎物的场所，动物化石系食后的遗留物。成堆的石制品和散存的石屑，则可能表明用于宰割猎物、砍伐树木的石制品随时制作和使用，钝者或不适用者随地丢弃。

洪沟附近的黄土丘陵，是豫西黄土丘陵往东的延伸，黄土发育非常好，附近沟壑纵横，槽谷列布。洪沟旧石器时代遗存反映出远古时代这里的气候湿润稍寒，水源充足，丘陵上下生长着茂密的丛莽树木，成群的野兽不时出没其间，显然是原始人群和各种动物栖息繁衍的理想之地。洪沟先民主要的经济活动是狩猎。不同用途的大、中、小型石制品，正是为了适应当时的自然环境与经济活动客观上的需要而产生的。

洪沟遗址远景

老奶奶庙遗址

老奶奶庙遗址位于郑州市西南郊二七区樱桃沟景区内，贾鲁河东岸的黄土台地上。东南距代家门村约0.5千米，西邻贾鲁河上游九娘庙河，坐落在河旁二级阶地之上，距今约5万年—3万年。

2011年4月—8月，北京大学考古文博学院与郑州市文物考古研究院组成联合考古队对该遗址进行发掘，发现3000多件石制品、12000多件动物骨骼及碎片、20余处用火遗迹，以及多层叠压、连续分布的古人类居住面。多个文化层连续分布，显示古人类曾经较长时间重复占用该遗址。除3A层的遗物相对较少，其他各层均有用火遗迹、石制品与动物骨骼及其碎片构成的居住遗迹。尤为引人瞩目的是3B与3F层的发现，大量的石制品、动物骨骼等遗物与多个用火遗迹共存，清楚地反映了当时人类的居址结构复杂化的发展趋势。

老奶奶庙遗址古人类生活遗迹

老奶奶庙遗址生活面及出土石器、兽骨

老奶奶庙遗址远景

老奶奶庙遗址出土刮削器　　　　　　　　　　　　　　　　　　　老奶奶庙遗址出土骨器

老奶奶庙遗址出土马下颌骨　　　　　　　　　　　　　　　　　　老奶奶庙遗址发现密集的动物化石

在老奶奶庙遗址附近，贾鲁河上游近10千米长的河流两侧范围内，还分布着20余处旧石器时代遗址。这些遗址也埋藏在马兰黄土上部堆积之下的河漫滩相堆积或与其同期异相的红褐色古土壤层中，其时代当与老奶奶庙遗址相当，只是多数遗址的堆积较薄，文化遗存也较少，是临时活动的场所。从分布位置、地层堆积与文化遗存的保存等情况看，老奶奶庙遗址位于这个遗址群的中心，是一处中心营地（或称基本营地），并与前述临时活动地点共同构成一个遗址群。这些遗址沿古代河流两侧分布，有各自相对独立的活动领域，系统地展示了郑州地区旧石器时代中、晚期之交阶段的聚落与栖居形态，清楚地记录了晚更新世人类在该地区生存发展的辉煌历史。

老奶奶庙遗址的时代正处于现代人类及其行为出现与发展的关键时段，对于深入探讨当前世界史前考古学与古人类学界关于现代人类起源与发展的问题尤为重要。老奶奶庙遗址也因此于2012年4月入选2011年度"全国十大考古新发现"。

赵庄遗址

赵庄遗址位于新郑市梨河镇赵庄村北溱水河东岸三级阶地上，遗址西部是陉山与具茨山，东部是黄淮平原。2006年，郑州市文物考古研究院在进行文物普查时发现该遗址。2009年，北京大学考古文博学院和郑州市文物考古研究院组成联合考古队对该遗址进行了发掘，经碳十四年代测定，该遗址距今3.8万年—3.3万年。

赵庄遗址南壁剖面

遗址地层从上至下可分为7层：包含全新世堆积、含钙质结核的马兰黄土以及其下的漫滩相堆积即旧石器时代文化层。第7层发现有置放象头的石堆与石器加工场，是本遗址最重要的发现。

石堆面上由南向北分布着古菱齿象头骨、大块的紫红色石英砂岩块和乳白色碎小的石英

赵庄遗址出土石器 　　　　　　　　　　　　　　　　　　　　赵庄遗址出土尖状器

赵庄遗址出土象头化石与石英砂岩石堆

制品。象头骨呈竖立状，臼齿嚼面朝南，由于长期的挤压作用已明显变形，但仍保存完整。出土石制品数量超过 5000 件，其中石英制品主要分布于象头骨的北侧，绝大部分是加工石器产生的石核、石片、断块与碎屑等副产品，很少见加工完成的精制品，这说明当时人类在这一区域的主要活动是石器生产。遗址还发现有少量经过修理的工具，类型有刮削器、尖状器等，但不见灰烬与炭屑等用火遗存。

赵庄遗址出土哺乳动物化石不多，仅有象、鹿、羊三种。但将象头专门摆放在从远距离搬运来的砂岩垒砌成的石堆基座上的现象更引人注目。这种非功利性的复杂活动，无论是出于对巨兽的恐惧或崇拜，还是对狩猎丰收的祈求，显然都具有某种象征性意义。赵庄遗址的性质不仅是临时性营地，还有可能是史前人类一次短暂的象征性行为或者早期宗教仪式留下的遗存。

方家沟遗址

方家沟遗址位于登封市方家沟村的颍河支流五渡河的支流源头，一条大致由东向西延伸的现代冲沟将晚更新世沉积切割出高约 10 米的剖面处。

2014 年至 2015 年，北京大学考古文博学院与郑州市文物考古研究院组成联合考古队对遗址进行了发掘。遗址堆积厚 9.05 米，自上而下可分为 10 层，其中第 4 层约相当于马兰黄土上部堆积，第 5—9 层属于河漫滩相堆积，第 10 层为古土壤，此外还发现第 6 层下一沟状

方家沟遗址 G1 平面形状

遗迹（G1）打破第 8—10 层和走向与 G1 相近的一组地裂缝。主要遗物埋藏在 G1 中，绝对年代应为距今约 4 万年。

出土遗物包括石制品 6000 多件，动物化石近 700 件，其中鸵鸟蛋皮碎片 28 件，土样中筛选出大量微小遗物。G1 出土的动物化石数量相对较少，且非常破碎，很少保留关节部位，经初步鉴定主要有象的尺骨、桡骨、肋骨等，且均与人工搬运的巨大砾石以及大量普通石制品共存，局部堆积非常密集。

方家沟遗址地裂缝平面形状

方家沟遗址 G1 内围绕象骨的遗物集中区

方家沟遗址出土砍砸器

方家沟遗址出土石核

方家沟遗址出土锯齿刃器

方家沟遗址的发现进一步充实了嵩山东麓地区 MIS（深海氧同位素）3 阶段的考古材料，特别是罕见的沟状遗迹的发现，表明古人类利用河漫滩上的洼地开展临时性的活动可能与该地形提供了天然遮挡物、便于搭建简易窝棚有关。这项发现对进一步研究当时人类的行为特点和空间利用方式具有重要意义。

西施遗址

西施遗址位于登封市大冶镇西施村南，埋藏在洧水河上游左岸二级阶地的马兰黄土堆积中。所处位置属于低山丘陵地带，区域地势整体上呈北高南低。2010 年 5 月—7 月，北京大学考古文博学院与郑州市文物考古研究院组成联合考古队对遗址进行了发掘。经碳十四年代测定，该遗址绝对年代应为距今 2.5 万年（校正后）。

西施遗址石器制造场遗迹

西施遗址出土石锤

西施遗址出土端刮器

西施遗址出土石叶生产原料

西施遗址出土细石核

西施遗址出土石核

西施遗址出土细石叶

发掘揭露面积约60平方米，包含上下两个文化层。其中上文化层仅出土1件燧石的石片，应是人类在此处经过时偶然丢弃的结果。下文化层集中出土了8000余件石制品，是人类在较短时间内打制加工石器的结果，该文化层是西施遗址的主要文化层。史前人类生产石叶各环节的遗存在西施遗址均有发现，完整保留了旧石器时代居民在此处理燧石原料、预制石核、剥片直至废弃等打制石叶的生产线（或称操作链），是我国及东亚大陆腹地首次发现的典型的旧石器时代晚期石叶工业遗存。

西施遗址石制品种类包括石锤、石核、石片、石叶、细石叶、工具，以及人工搬运的燧石原料等。数量更多的是石器生产的副产品，即断片、裂片、断块、残片与碎屑等。这些石制品及其分布状况，清楚地展示出该遗址石器加工的技术特点。遗址北边出露的基岩为石英砂岩，南边则系石灰岩，部分石灰岩基岩中夹杂有燧石团块，是西施遗址生产石叶的原料产地。

从生态适应的角度观察，西施遗址新发现的石叶工业，以其典型的技术特征、丰富的文化内涵及清楚的年代学与古环境证据，为了解古人类在最后冰期的最盛期来临之际如何适应中原地区，特别是开发遗址附近丰富的燧石资源，系统生产石叶的行为与活动特点，提供了非常重要的信息，进一步展示了中原腹地及东亚大陆旧石器时代晚期文化发展的复杂性与多样性。

李家沟遗址

李家沟遗址位于新密市岳村镇李家沟村西，椿板河（溱水河上游）东岸二级阶地，其绝对年代为距今 10500 年—8600 年。

2009 年—2010 年，北京大学考古文博学院与郑州市文物考古研究院组成联合考古队对

李家沟遗址全景

李家沟遗址发掘场景

李家沟遗址北区剖面

遗址进行了发掘，揭露了约 100 平方米。发掘出土了大量石制品和动物骨骼碎片。该遗址的重要收获是发现了联结旧石器时代晚期和新石器时代早期的剖面。旧石器晚期遗存中，同时发现有典型细石器文化遗存、压印纹夹砂陶片、素面粗夹砂陶片及经过人为加工的石锛，亦见人工搬运的大型石制品及石块。这些遗存反映了当时相对稳定的栖居形态。新石器早期文

李家沟遗址北区 L37 出土物集中区

李家沟遗址陶片出土现场

化遗存中，除了数量众多的文化遗物，还发现有很明显的人类活动遗迹，如石块聚集区：遗迹中心由磨盘、石砧与多块扁平石块构成，间或夹杂着数量较多的烧石碎块、陶片以及动物骨骼碎片等。

经碳十四年代测定，李家沟旧石器时代晚期细石器遗存距今 10500 年—10300 年。新石

李家沟遗址出土陶片

李家沟遗址新石器时代早期的石磨盘

李家沟遗址出土石器

器时代早期文化层距今10000年—9000年，这一阶段遗存被命名为李家沟文化。该遗址在典型的李家沟文化层之上，还发现有裴李岗文化时代的陶片等遗存。由此可实证本地区从细石器文化发展至李家沟文化再到裴李岗文化阶段，旧石器时代末期到新石器时代具有不同文化传统的人群曾长期在李家沟遗址附近活动。这一发现解决了中原地区旧石器时代晚期文化和新石器时代裴李岗文化之间的缺环问题。中原地区是中华文明起源的核心地带，李家沟遗址的发现对探讨该地区旧、新石器时代过渡与农业起源等重大学术课题具有重要意义，入选2009年度"全国十大考古新发现"。

二、新石器时代

郑州地区是我国较早开展新石器时代考古的地区之一。1921年担任中国北洋政府农商部矿政顾问的瑞典学者安特生派助手姚某到河阴县调查，在黄河南岸发现了秦王寨、牛口峪和池沟寨三处遗址。1922年瑞典人 T.J. 阿尔纳以北洋政府农商部地质调查组的名义，在青台村一带收集新石器时代彩色图案陶片，开启了郑州地区新石器时代的考古。

20世纪30年代，中央研究院历史语言研究所和河南政府联合组建的"河南古迹研究会"在河南巩县（今巩义市）、广武（今荥阳市广武镇）一带考察，发现巩县塌坡、马峪沟仰韶文化遗址，并对塌坡、马峪沟、陈沟、青台、峨眉岭等遗址进行发掘，这一系列发掘为纠正安特生等学者中国文化"西来说"提供了重要实证。

中华人民共和国成立以来，郑州地区的新石器时代考古更是取得了举世瞩目的成就。新密市李家沟遗址的发现将中原地区新石器时代文化谱系研究推进到距今10500年左右，裴李岗遗址、唐户遗址的发现，丰富了裴李岗文化聚落遗址的文化内涵。对大河村、双槐树、汪沟、尚岗杨、青台、点军台、秦王寨等一大批新石器时代遗址开展的一系列深入而卓有成效的考古工作，确认了郑州地区在新石器时代中期是华夏文明最核心区域的地位。

裴李岗文化展厅

郑州市裴李岗文化遗址分布图

（一）裴李岗文化

裴李岗文化由于1977年首次发现于新郑裴李岗而得名，是中国新石器时代中期的文化，主要分布在河南中部，豫北、豫南也有发现。裴李岗文化特征明显，生产工具以磨制石器为主，其中带锯齿刃石镰、长条形扁平的双弧刃石铲和鞋底形四足石磨盘（附磨棒）最为典型，也有打制的刮削器等。陶器以细泥红陶和夹砂粗红陶为主，均为手制，烧成温度较低，典型的器形是三足钵和半月形双耳壶。

裴李岗遗址

裴李岗遗址位于新郑市西7.5千米裴李岗村西，面积约2万平方米。1977年4月、1978年4月、1979年4月和9月，由开封地区文物管理委员会、新郑县文物管理委员会、郑州大学历史系考古专业、中国社会科学院考古研究所河南第一工作队等单位对裴李岗遗址进行了4次发掘，共揭露面积2615平方米。

1978年开封地区文物管理委员会、新郑县文物管理委员会、郑州大学历史系考古专业联合发掘裴李岗遗址

裴李岗遗址石磨盘与磨棒出土照

裴李岗遗址墓葬

裴李岗遗址墓葬出土器物组合

2018年至2021年由中国社会科学院考古研究所河南第一工作队、郑州市文物考古研究院等单位组织联合考古工作队对裴李岗遗址做进一步发掘，确认裴李岗遗址面积可达5万—6万平方米。与中原地区新石器中期同类遗址面积比较，裴李岗遗址可称得上是中型甚至大型遗址，2018年至2021年的进一步发掘为正确认识裴李岗遗址在聚落研究中的地位提供了更加准确、科学的依据。

裴李岗遗址出土石磨盘、磨棒

裴李岗遗址出土陶鼎

裴李岗遗址出土陶壶

裴李岗遗址出土陶塑

裴李岗遗址出土石镰

裴李岗遗址出土鸵鸟蛋皮及蚌壳

新发现的一批裴李岗文化遗迹和遗物，为认识裴李岗文化提供了新的资料。对部分遗物的残留物进行分析后发现了麻的纤维，以及蓝色的织物纤维，可能与纺织衣物及染色有关。大量的浮选、水选遗物为我们正确认识裴李岗遗址的生业经济状况提供了科学、准确和可量化的新证据，这些遗物包括大量的炭化果壳、骨器加工废弃物、石器加工废弃物以及植物种子等。遗址中还发现了木骨泥墙残块，证明裴李岗先民已经开始使用木骨泥墙建造房屋，为研究史前房屋建筑史提供了新的重要资料。

在裴李岗遗址中，出现大量的经过磨制的石器。器物有磨盘、磨棒、铲、镰、刀、斧、弹丸等，其中以磨盘、磨棒、铲、镰最为典型。石磨盘有的平面为前宽后窄的椭圆形，盘底附有4个矮足；有的平面狭长，后端平齐如柳叶状，盘底无足。最大的长76厘米，高8.5厘米。磨棒呈扁圆柱状，两端较粗，有的长达38厘米。磨盘琢制得形状规整，使用面平整光滑，与光滑圆润的磨棒配套使用，是加工农作物的工具。石磨盘仅在裴李岗一处就出土40多件，从一个侧面反映了七八千年前裴李岗先民原始农业已发展到一个相当高的水平，谷物加工技术也相当发达。

唐户遗址

唐户遗址发现于20世纪70年代，位于新郑市观音寺镇唐户村的西部和南部，地处溱水河与九龙河两河汇流处的夹角台地上，东、西、南三面环水，地势北高南低，遗址原为高低起伏的岗地，当地人称为"南岗"，台地高出河床7—12米，历代相传该地为"黄帝口"。

1976年至1977年，开封地区文化管理委员会等单位在配合当地村民平整土地时发现了

石磨盘、石磨棒及一些房址、灰坑等遗迹,随即在唐户联合举办了一次文物培训班,发掘了少数探方和一批两周墓葬。1978年及1982年,中国社会科学院考古研究所对唐户遗址进行了调查及试掘,发现这是一处跨时代的聚落群遗址。其文化堆积非常丰富,包含有裴李岗文化、仰韶文化、龙山文化、二里头文化及商、周时期遗存。2003年至2004年,河南省文物考古研究所、新郑市文物事业管理局对唐户遗址再次进行调查,将遗址面积核定为54万平方米。2006年4月—5月,郑州市文物考古研究院为开展郑州地区旧石器时代文化遗址课题储备,

唐户遗址发掘现场航拍

对唐户遗址再次进行全面调查，在唐户村东部溱水河东岸及溱水寨北部九龙河南北两岸新发现旧石器时代遗址4处，将遗址面积核实为140余万平方米，其中裴李岗文化遗存面积达30万平方米，是我国目前发现的面积最大的裴李岗文化时期的聚落遗址。2006年—2008年的发掘，发现裴李岗文化时期的房址63座，灰坑（窖穴）204个，墓葬2座，灰沟4条。房址多为半地穴式建筑，分布较有规律，具有规划意识，中心区域依自然地势建造排水设施，基址外围建有防护设施，从整个聚落的布局分析，居址已具有环壕防御性质和凝聚式向心布局的特征。综合研究来看，唐户遗址裴李岗文化聚落中出现的内向凝聚式布局是仰韶时代半坡、姜寨等遗址的内向凝聚式布局的源头。

G12为环绕于IV区居住基址外围的一条沟，发掘长度约35米，残宽约0.3—0.45米，残深0.4—0.5米，中间有一处宽约0.8米的间隔，当是出入居址的通道，发掘者推测此沟应

唐户遗址房址及排水系统

为居住基址外围的防护设施。G13 由三条支流依地势从北向南延伸，最终汇流，后向西南地势低洼处流出，其流经区域均从房址外围穿过，发掘者推测应为居住基址内的排水系统。排水系统的发现，表明当时的人们已充分考虑到人地关系，懂得利用自然地势来建造排水设施，保持居住区的干爽。这应该是迄今国内发现最早的排水设施之一。G12 和 G13 的发现反映了当时人们先进的建筑构思。

唐户遗址房基

唐户遗址房址 F21

唐户遗址出土器物组合

唐户遗址出土玉珠

在 F26、F39 等房屋中发现有加工石器的迹象，这些房址地面均不平整，在地面上发现有呈扇面分布的碎小石片，特别是 F39 内发现的一件细石器石核，具有明显的打击痕迹，推测这些房屋不仅具备居住功能，而且已经作为生产工具的加工场所。

从唐户遗址裴李岗文化层出土的石制生产工具看，当时石制生产工具种类开始分化，农业生产工具专业化倾向增强，如舌形石铲用来翻地，石镰或石刀用来收割，石磨盘、石磨棒用来碾磨粮食等。这些足以证明当时农业生产技术水平已达到一定的高度。

唐户遗址裴李岗文化时期大面积居住基址的发现进一步丰富了郑州地区裴李岗文化的内涵，居住基址分区、分片布局，从社会学角度为探讨以血缘为纽带的社会家庭组织的出现提供了重要资料。

瓦窑嘴遗址

瓦窑嘴遗址位于巩义市杜甫路西侧。西北距洛水1千米。1995年6月，为配合基本建设，巩义市文物保护管理所进行首次试掘；同年8月—10月，巩义市文物保护管理所与郑州市文物考古研究所共同配合基本建设对遗址进行发掘；1996年5月，巩义市文物保护管理所配合基本建设第三次对遗址进行发掘。3次发掘总发掘面积1500平方米。

发现的遗迹仅见有灰坑，共发掘29座，多为圆形或椭圆形坑，口径一般约1米，最小0.6米，最大超过2米，深0.3—1.5米。可分为直筒状坑和斗状坑两种，另有少数灰坑形状介于两者之间，多小平底，少数圜底。出土遗物主要是陶器，另有石器、骨器、蚌器等。出土陶器均为手制，以泥质红陶为主，褐陶、黑陶次之。常见纹饰有篦点纹、戳刺纹、放射状直线划纹、点线纹、连续折线纹、乳钉纹等。主要器形有方沿大口小平底或圜底盆、镂孔三足钵、圜底三足钵、平底钵、折腹钵、圈足碗、平底碗等，石器包含有磨盘、斧、凿、匙形器、饼形器

瓦窑嘴遗址发掘现场

瓦窑嘴遗址出土三足钵　　　　　　　　　　　　　　　　　　瓦窑嘴遗址出土陶鼎

瓦窑嘴遗址出土陶勺　　　　　　　　　　　　　　　　　　瓦窑嘴遗址出土黑陶碗

等。另外，还出土有较多的兽骨，猪骨数量最多，其次是牛头骨、鹿角、狗骨、羊骨以及兔、鼠的骨骸。禽类骨骸主要是鸡骨。

　　瓦窑嘴遗址自身独具的文化因素表现出它与其他裴李岗文化之间有着显著差异。出土陶器中泥质黑陶占相当大的比例，这部分泥质黑陶器构成了瓦窑嘴文化遗存的一个显著特点，不仅代表着裴李岗文化制陶技术最高的工艺水平，也显示出当时中原文化的领先地位。出土数量最多的泥质红陶器中有一些内壁漆黑，外壁口部呈黑色，腹、底部呈红色。这类器物主要有直口圈足钵和深腹圈足钵、三足钵、卷沿盆等，是瓦窑嘴文化遗存的一大特色。从制陶技术上的进步、器类的增多、器表装饰比较复杂等情况看，瓦窑嘴文化遗存的时代当属于裴李岗文化的晚期。

（二）仰韶文化

仰韶文化因 1921 年首次发现于河南渑池仰韶村而得名。仰韶文化距今约 7000 年—5000 年，大约经历了 2000 年左右的发展阶段，可分为早、中、晚三期。

郑州市迄今为止发现的仰韶文化遗址的文化堆积以中晚期遗存为主，共有 200 余处。郑州市仰韶文化遗存表明该时期农业经济充分发展，社会生产力极大提高；聚落功能分区明确，出现夯土版筑城墙。农业经济的发展、城墙聚落的出现、特有的墓葬形式与务实的思想文化反映出郑州市仰韶文化中晚期社会内部正发生或经历着剧烈社会变革和文明化进程。

仰韶文化展厅

郑州市仰韶文化遗址分布图

大河村遗址

大河村遗址位于郑州市东北郊的大河村西南约 1 千米的漫坡土岗上。遗址地处河南省西南浅山区和丘陵与豫东大平原接壤地带，地势平坦而且低洼，距古代的圃田泽较近。经对遗址环壕的勘探，核实大河村遗址面积为 53 万平方米。

大河村遗址发现于 1964 年，从 1972 年至 2020 年，48 年间先后进行了 28 次发掘，共揭露面积近 9000 平方米。遗址文化层最深处达 12.5 米，研究表明遗址的核心文化——仰韶文化延续了 2000 年，共分七大期。该遗址各时期的遗迹和遗物见证了黄河流域中原地区仰韶文化的产生、发展、消亡的过程，尤以属于中华文明萌芽和起源阶段的仰韶中晚期文化，即大河村遗址仰韶文化三、四期遗存最为丰富，被考古学界命名为"大河村类型"。大河村遗址作为仰韶文化中晚期遗址的典型，树立了黄河流域中原地区的考古学类型标尺，高度代表了黄河流域中华文明起源阶段的文化风貌。

大河村遗址"整塑陶房"
F1—F4

大河村遗址仰韶文化三期 F1—F4

大河村遗址版块夯筑墙体剖面

大河村遗址的F1—F4是一组典型的"整塑陶房"建筑，大致东西向排列，总面积44.33平方米。F1为主房，面积19.8平方米，由套间和外间组成，外间北墙开设一个门道。外间、套间各设一个火塘，有门道相通。F2面积14.23平方米，F3为二次扩建，面积7.8平方米，F4仅2.5平方米，门道北向，可能为储藏室，是存放柴薪等日用燃料或杂物的。F1、F2、F3虽分别设有日常生活使用的烧火台等，自成单元，但共用一个储藏室，可见它们之间的密切关系。F1—F4较为罕见的保存状况，为研究黄河流域中原地区特色的"木骨整塑"的建造工序和建筑方法提供了珍贵的实物资料。同时这一批演变序列清晰、建造工艺多样的房屋实物资料为进一步研究社会组织的形成、社会性质的变化开阔了多向思维途径，有助于深入探讨黄河流域郑州地区文明起源阶段的婚姻状态、家庭结构、氏族制度等重大社会问题。

大河村遗址出土大量的仰韶文化彩陶，图案丰富、题材广泛、构图优美、色彩鲜艳，是集思想艺术等文化于一体的物质载体。彩陶的构图、用彩、题材等伴随着大河村仰韶文化的产生、发展和消亡而有规律变化。对彩陶的研究有助于进一步划分大河村遗址仰韶文化的发展序列、分期和类型。

大河村仰韶时期的先民结合多年的生活经验，经过认真考虑，从方便生产生活和增加视觉美感两个方面对彩陶图案在器物上的布局进行精心设计。最突出的布局特征是绚丽的图案与丰满的器物造型相结合，增强了图案的立体设计。

大河村彩陶纹样多种多样，据统计有近70种。彩陶图案按形象可以分为四大类：几何形图案、天文图案、植物图案和动物图案。大河村先民根据纹样题材选用了不同的绘画技法来呈现不同的效果或不同的风格。彩陶纹样常互相搭配，构成层次合理、主次分明、富有节奏感和立体感的画面。大河村先民在画法上成功地运用了疏密、繁简、间隔、虚实、高低、大小等对比手法，使彩陶纹饰达到既画风活泼又格调统一的和谐要求。有些构图较简单的图案，如较早出现的宽带纹以及由三角、直线、圆点组成的简单几何形图案，它的格调是简单质朴；有些构图严密规整的图案，如大河村遗址仰韶文化第二、三阶段的菱形纹、窗棂纹等，讲究对称、平衡，较多运用直线，艺术特点是庄重大方；有些构图自由的图案，画风随意，不拘泥于固定格式，较多运用曲线，如大河村遗址仰韶文化第四阶段流行的"八"字重叠纹、"L"字纹以及各种曲线组成的图案，艺术风格率性自然、生动活泼。

象生性类的植物或动物图案，显然是先民从观察自然界的写生变化而来，画法上结合原始的写实手法和象征性的写意手法。如动物图案中的鱼纹，寥寥几根简单粗略的曲线和直线，

大河村遗址出土白衣彩陶钵

生动地表现了一条尖嘴长身、鳞鳍齐全的游鱼。植物图案纹样繁多，根据不同的植物特点采用了不同的表现手法，有些花纹作简化处理，粗线条地展现特征，花瓣和茎叶的组合富于变化，叶瓣肥瘦长短不一，造型丰富，有娇柔可爱的，也有生动别致的。禾苗纹的写实意味更为浓厚，下笔果敢流畅，整体矫健秀美，呈现农作物的生机勃勃。象生性图案为突出主题采用了平视构图的方法，图案均绘制于一条基线上，互不重叠，如后世的剪纸作品。

天文星象彩陶片是大河村遗址出土的具有特色的遗物，有太阳纹、月亮纹、日晕纹、星座纹等，体现了古人对天文、太阳、月亮的观察和认识，具有原始历法的雏形。这些遗物为深入研究文明萌芽时期黄河流域仰韶先民对天象和农事活动的观测分析及认知提供了宝贵的实物资料，在天文学史上的科学价值尤为突出。

彩陶双连壶利用连通器原理将两个造型一样的壶体巧妙地连接在一起，造型别致，构思新颖，彩绘线条古朴流畅，风格独特，对研究原始社会的社会形态、生活习俗和制陶艺术有重要价值。

红陶盆，施白、黑、红三彩，口沿八组阴阳鱼，腹部四组阴阳图案，有学者认为其是太阳大气光象的造型。

大河村遗址出土太阳纹陶片

大河村遗址出土陶钵太阳纹复原

大河村遗址出土月亮纹陶片

大河村遗址出土日晕纹陶片 　　　　　　　　大河村遗址出土星座纹陶片

大河村遗址出土彩陶双连壶

大河村遗址出土红陶盆纹饰复原

大河村遗址仰韶文化晚期的文化层中即发现有细泥灰陶尊、背壶、宽肩罐、敛口盉等黄河下游大汶口文化因素的器物，又发现有陶瓦足鼎、双腹碗、浅盘粗柄镂空豆、高圈足杯等江汉流域屈家岭文化因素的器物。这些发现为研究黄河中游、黄河下游及江汉流域新石器时代三种文化的交流与互动、融合与发展提供了重要的实物资料，同时为大河村遗址仰韶文化与周边仰韶文化如早期的后冈类型、中期的庙底沟类型等相互联系、相互影响的关系提供了重要的实物证据。

汪沟遗址

汪沟遗址位于荥阳市城关乡王沟村南约500米的岗地上，南北长950米，东西宽780米，面积约62万平方米，文化层厚1—3米。经勘探、发掘发现汪沟遗址有仰韶文化时期的环壕、灰坑、窖穴、墓葬等遗迹。同时还发现用"木骨整塑"方法建筑的陶房和大型红烧土夯筑的广场，广场下面为成片的墓地，出土的遗物有陶鼎、罐、钵、碗、豆、器盖及陶纺轮、陶环、石铲、石锛等，在瓮棺中还发现仰韶文化晚期炭化丝织品。

汪沟遗址环壕东门

汪沟遗址夯土广场西北角

汪沟遗址夯土广场夯层

汪沟遗址有环壕3条，自内向外编号为G1、G2和G3。G1环绕遗址的近中心区，平面形状呈抹角长方形，东西长约234米，南北宽约74米，南北壕沟宽约31米，东西壕沟宽4—10米，深3—4米。南北两壕沟较规则，东壕沟大部分被水泥道路覆盖，仅在道路东西两侧发现少许遗存，西壕沟处于台地以下，勘探发现其残存底部，深0.5—1米，宽约4米。环壕内填土多为黄灰色土，质地较松，底部淤积层较明显，出土有素面红陶、绳纹灰陶器残片。

双槐树遗址

双槐树遗址位于巩义市河洛镇双槐树村村南的高台地上。北距黄河南岸2千米，西距伊洛河4千米，海拔181.409米。该区域地处黄土高原东部边缘区域，以第四纪黄土沉积物为主，自南向北逐渐升高。1984年第二次全国文物普查时发现该遗址，之后经过多次调查和试掘，基本厘清遗址的范围和布局，并认定原滩小关遗址属于双槐树遗址东北部的一部分，将其并入双槐树遗址。

经国家文物局批复，2013年—2020年，郑州市文物考古研究院与中国社会科学院考古研究所联合对双槐树遗址本体及其相邻区域进行系列文物调查勘探与考古发掘工作，确认双槐树遗址是一处仰韶文化中晚期面积巨大、遗存丰富的核心聚落。

勘探确认遗址东西长约1500米，南北宽约780米，现存面积达117万平方米。遗址有很多重大发现，例如仰韶文化中晚期阶段大型三重环壕，4处经过严格规划的公共墓地（共1700余座墓葬），大型院落夯土基址，大型中心居址，具有最早瓮城结构的围墙，版筑的大型夯土地基、夯土祭坛等，另有数量众多的房址、灰坑、人祭坑及兽骨坑等遗迹。出土了丰富的仰韶文化时期彩陶等文化遗物，特别重要的是出土了与丝绸起源有重要关联的最早家蚕牙雕艺术品。

三重环壕内壕周长约1000米，上口宽6—15米，深4.5—6.15米。中壕周长1500余米，上口宽23—32米，深9.5—10米。外壕残存周长1600余米，上口宽13.5—17.2米，深8.5—10.5米。三重环壕分别通过木桥和实土的门道与外界相连。从目前局部解剖判断：内壕和中壕始建于遗址二期，外壕始建于遗址三期，三条壕沟到遗址四期偏晚阶段逐渐变平。

中心居址区位于内壕北部，由两道围墙和内壕合围而成，面积达1.8万平方米，平面为半月形。居址南部两道围墙系夯筑而成，墙中发现密集且规整的承重木柱，墙上两处门道错位明显，形成典型的瓮城结构。围墙开口于G4下，墙内发现有瓮棺等奠基祭祀遗迹，时代为遗址三期。

在考古发掘约1/10的范围内，有巷道相通的大型房址，布局十分密集。其中④层下已揭露房址4排，时代为遗址三期。由南向北第一排为F36、F13、F20，第二排为F12、F11，第三排为F10，第四排为F40。其中位置居中、面积最大的F12，面积达200余平方米。非常特殊的是，在该房址中心位置的夯土中有一完整的麋鹿骨架，头向南，对着门道，在该

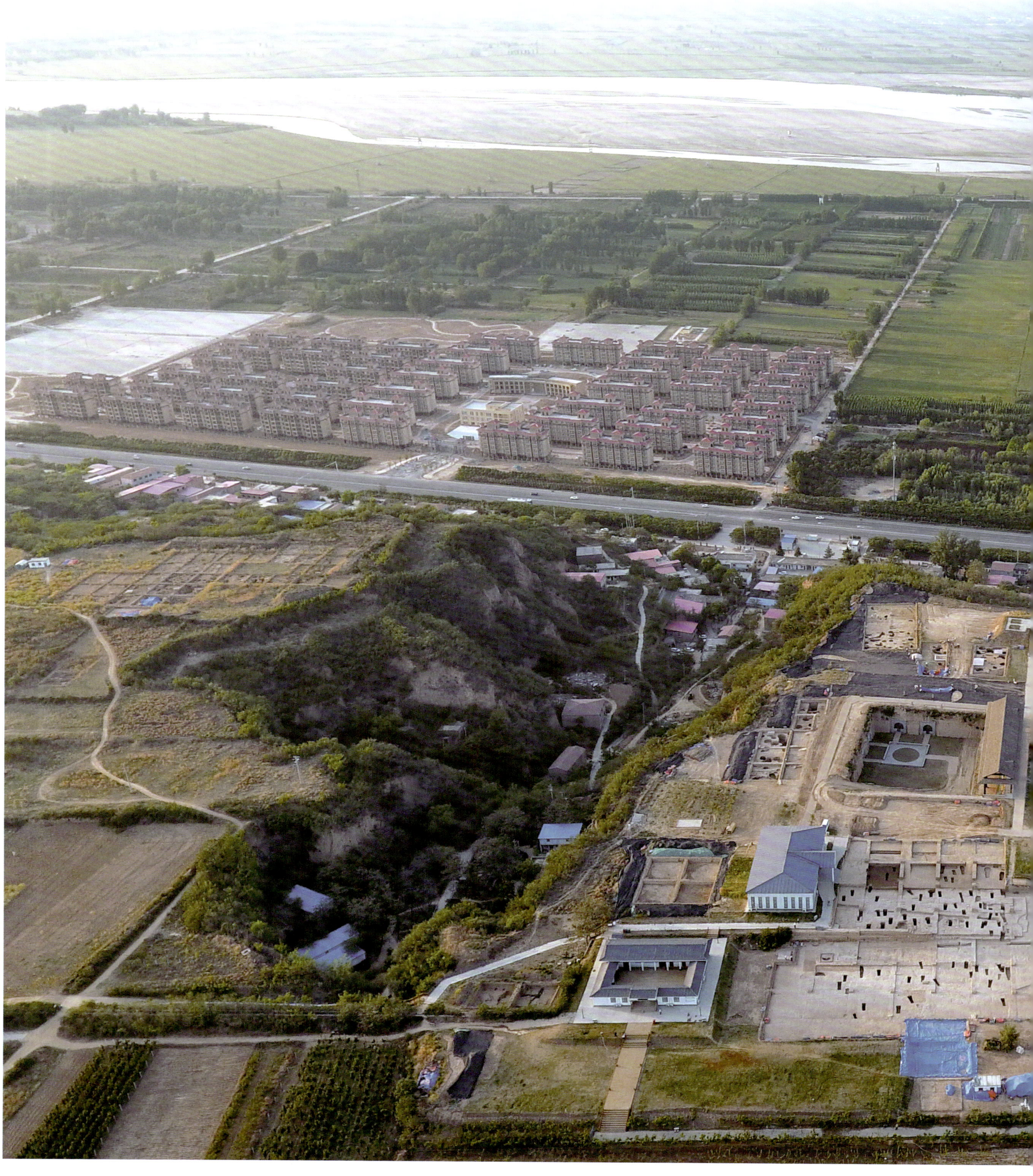

双槐树遗址全景

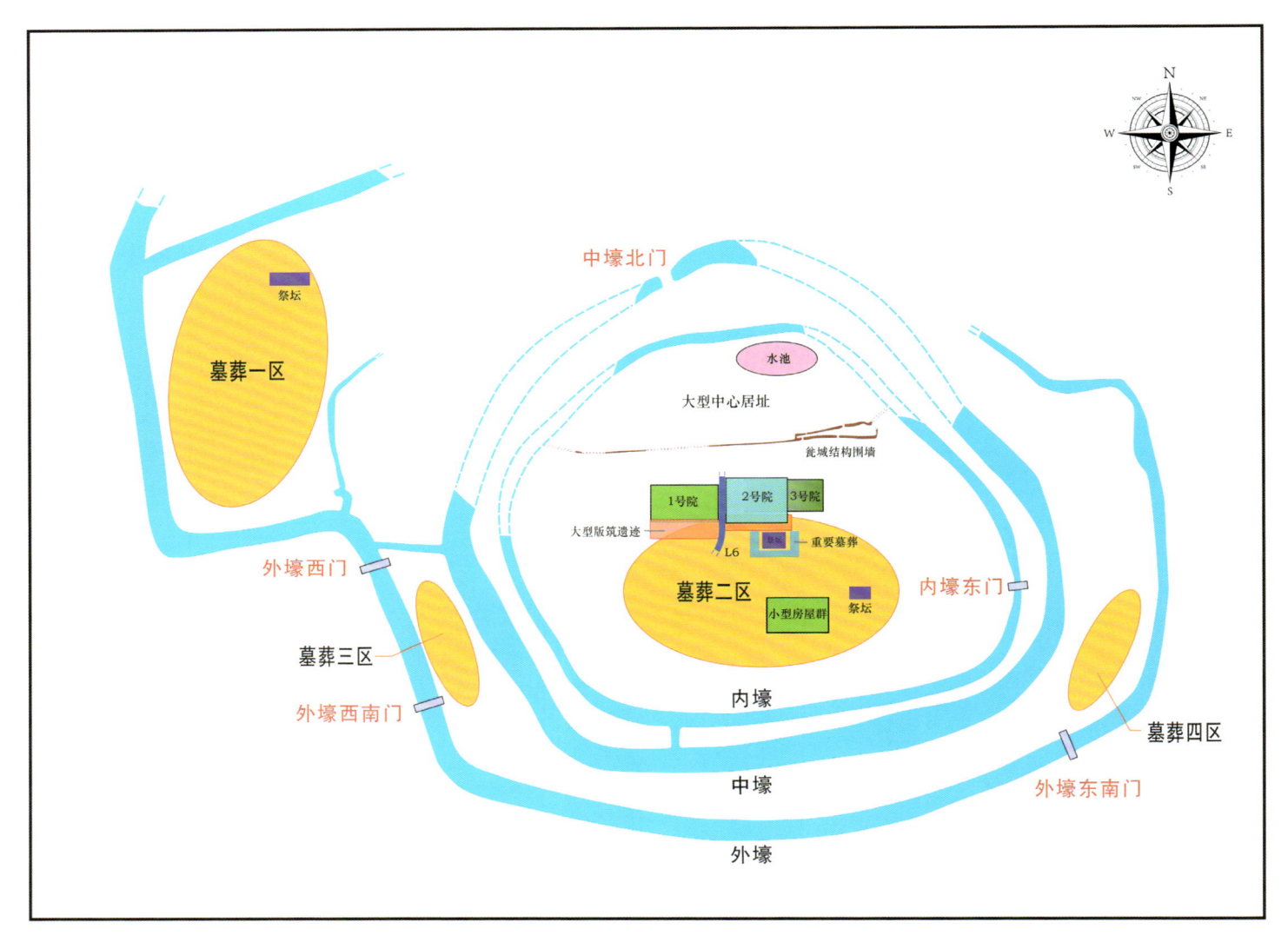

双槐树遗址功能布局示意图

建筑基址主体东南和整个回廊中，有意埋藏有 9 件陶器。另在 F13 东北部室外活动面发现一件兽牙家蚕雕刻。

大型夯土建筑群基址位于内壕中部，中心居址区以南。依据现有发现，整个建筑群的夯土地基面积 4300 平方米。地基全部采用版筑法夯筑而成，西北部夯土地基保留较好，残高约 1.9 米。主体建筑以道路为界，分为东西两个区域，其上建筑密布，时代上至少有 3 次大的迭代。目前揭露出 3 处大型院落，其中一、二号院落布局较为清晰。

一号院落，位于夯土基址西半部，平面呈长方形，面积 1300 余平方米，时代为遗址三期。院墙基槽内填土经过夯打处理，南墙偏东位置发现有主门道，门道有对称的柱子，并有多层台阶迹象。门外东侧发现门塾 1 处，西侧对称位置也有相关迹象。该院落主体建筑 F76，平面呈长方形，面积达 308 平方米。整个院落北墙墙体外发现有柱础石，南墙墙外发现有平面呈长方形、面积近 880 平方米的活动面，初步认为其应是一号院落门前的大型广场。

二号院落，位于夯土基址东半部，平面呈长方形，时代为遗址四期早段。整个院落面积 1500 余平方米。围墙现存基槽夯筑而成，墙中发现规整有序的承重木柱，墙体内部外侧发现有扶壁柱和扶壁墙遗迹。该院落发现门道 3 处，其中 1 号门在南墙偏东位置，门道为"一门三道"，门外东西两侧各发现门塾1处。院落内发现大型建筑基址，柱础密集，柱网结构明显，整体结构尚待研究。

二号院落下叠压着其他大型建筑遗迹，其中三号院落面积超过一、二号院落，平面呈长方形，整体面貌和具体形式有待进一步发掘。

大型版筑遗迹位于一号院落南部，叠压着一号院落的南墙及墙外活动面。平面为长方形，时代为遗址四期晚段。最宽的地方南北保留有13版。夯面及夯窝痕迹明显，为圜底集束棍夯，夯窝直径约4.5厘米。

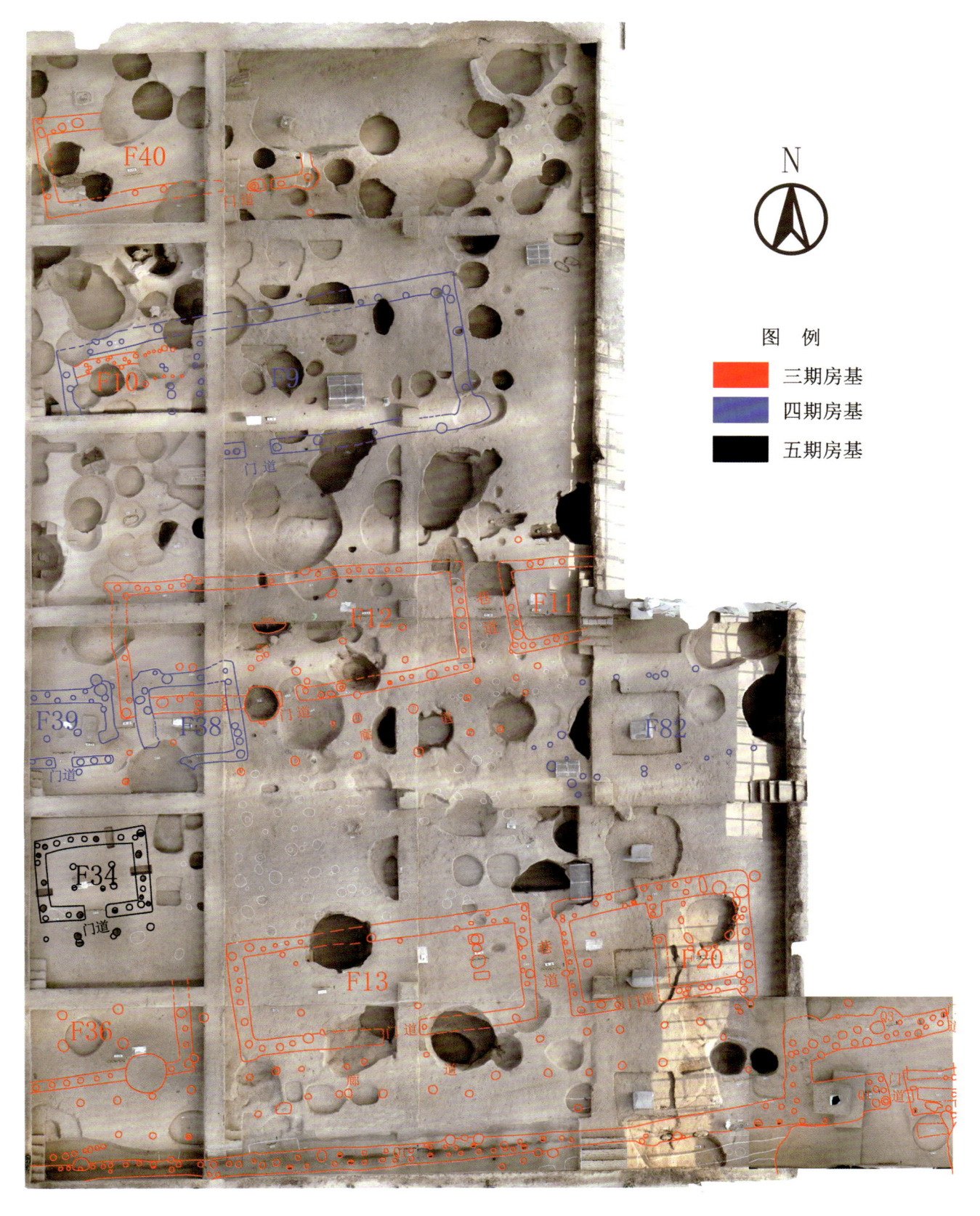

双槐树遗址中心居住区

勘探和发掘确认双槐树遗址共有 1700 余座仰韶文化时期的墓葬，分别位于 4 个区域。所有墓葬均呈排状分布，经过部分考古发掘的墓葬一区布局非常规整，排与排之间间距 15—18 米，墓葬均为东西向，墓主仰身直肢，头向西，基本不出随葬品。其中一座较大型墓葬发现有象牙随葬品。

夯土祭坛遗迹 3 处，应与墓地祭祀相关。其中墓葬一区发现 1 处，墓葬二区发现 2 处。目前发掘 1 处，位于二区第四排墓葬分布区域偏中部位置，祭坛平面呈长方形，面积近 260 平方米。祭坛用土纯净，其上发现柱洞 4 个。祭坛附近分布有较大型墓葬，所有墓葬在祭坛附近不再直线分布，而是有意拐折避让。

双槐树遗址文化堆积厚，遗迹间叠压打破关系复杂，经初步研究，该遗址文化遗存可分为五期七段。其中第一期为裴李岗文化时期，第二期相当于大河村二期偏晚阶段（即庙底沟类型晚段），第三、四、五期相当于大河村三、四、五期，其中第四期可再分为三段。

双槐树遗址周边分布有青台、汪沟、西山、点军台、秦王寨、大河村、苏羊、土门、妯娌、五女冢等诸多同时期聚落，大小互补、等级不一，形成一个规模巨大的多层级聚落群，特别是西山、点军台等仰韶文化城址组成的城址群对双槐树形成了拱卫。从遗址面积、聚落等级、建筑规格以及具体文化内涵等分析，双槐树遗址应属于该聚落群的核心聚落。

双槐树遗址大型中心居址和大型建筑群初具中国早期宫室建筑的特征，为探索三代宫室制度的源头提供了重要素材。大型院落建立在大型版筑夯土地基之上，具备了高台建筑的基

双槐树遗址一门三道遗迹

本特征。双槐树大型院落空间组织的形式，也为芦山峁大营盘梁一号院落、古城寨廊庑基址、二里头遗址一号和二号宫殿等中国古代大型宫殿式建筑形制开启了先河。二号院落典型的"一门三道"门道遗迹，与二里头一号宫殿建筑、偃师商城三号和五号宫殿建筑门道遗迹以及更晚的高等级建筑门道基本一致，凸显了双槐树大型建筑基址的高等级性和源头性。

大型中心居址建筑前两道围墙及两处错位布置的门道和加厚围墙的设计，具有极强的防御色彩，显然是目前发现的中国古代最早具备瓮城结构的建筑典型。

遗址发现的三重环壕曲度一致，时代相叠，互不打破，工程量巨大，显然具有规划的同时性。这种形制的规划可能蕴含有一定的高等级礼制概念。

墓葬区内发现的夯土祭坛遗迹，系仰韶文化遗址中的首次发现，非常有利于开展与红山文化、良渚文化等周边区域在祭坛文化以至高层礼仪制度方面的比较研究。

双槐树遗址发现大量的农作物和正在吐丝状态的牙雕家蚕，连同青台、汪沟等遗址发现的农业和丝绸实物等，充分证明了5300多年前的中原地区已经形成了较为完备的农桑文明形态。

双槐树遗址出土了两件较为完整的彩陶罐，其独特的多角形图像纹饰在郑州、洛阳等地均有发现，学界有人认为其为太阳，是太阳的大气光象的表现形式。

以双槐树遗址为代表的郑洛地区大型聚落群的发现，填补了中华文明起源关键时期、关键地区的关键材料。经过多年的考古发掘和研究，我们认为其是距今5300年前后的经过精心选址的都邑性聚落遗址，有关专家命名其为"河洛古国"。

双槐树遗址出土丝绸瓮棺

双槐树遗址出土彩陶罐及其纹饰展开图

第二部分　郑州地区不同时期考古

双槐树遗址出土彩陶杯

双槐树遗址出土骨质鞋形器

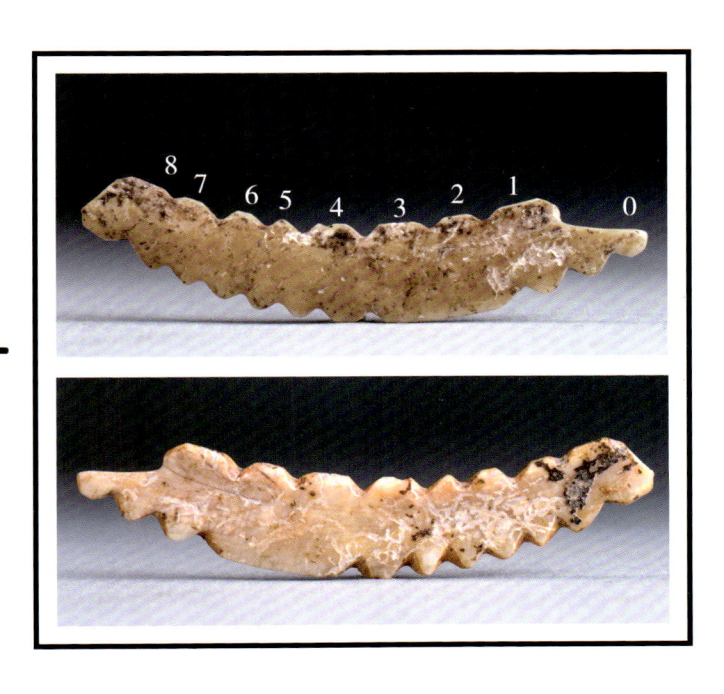

双槐树遗址出土石钺

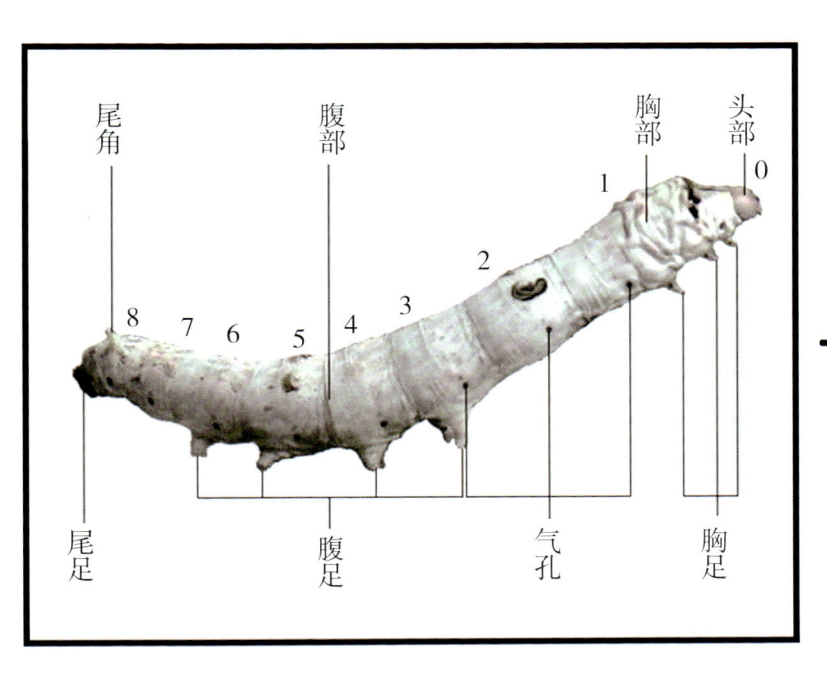

双槐树遗址出土牙雕蚕及其与家蚕对比图

青台遗址

青台遗址位于荥阳市广武镇青台村东，南临㳌然河（今名枯河），为仰韶文化中晚期遗址。面积约107万平方米，其中仰韶核心区域面积为31万平方米。文化层厚约3.5米。遗址内发现仰韶时期环壕3条，遗迹发现有房基、窖穴、陶窑、墓葬等，最为重要的是发现了史前最早的土坯房屋。遗址出土了摆放有序的9个陶罐，经天文学家、天文史学家和考古学家鉴定与北斗九星有关。遗址内发现的丝织物遗存将我国丝织物纺织史上推至5500年前。

1921年，瑞典人安特生于河南渑池发现了仰韶文化，1923年，安特生派人对青台遗址进行了正规的考古学调查。

1934年，河南古迹研究会的郭宝钧先生对青台遗址进行了正式发掘。

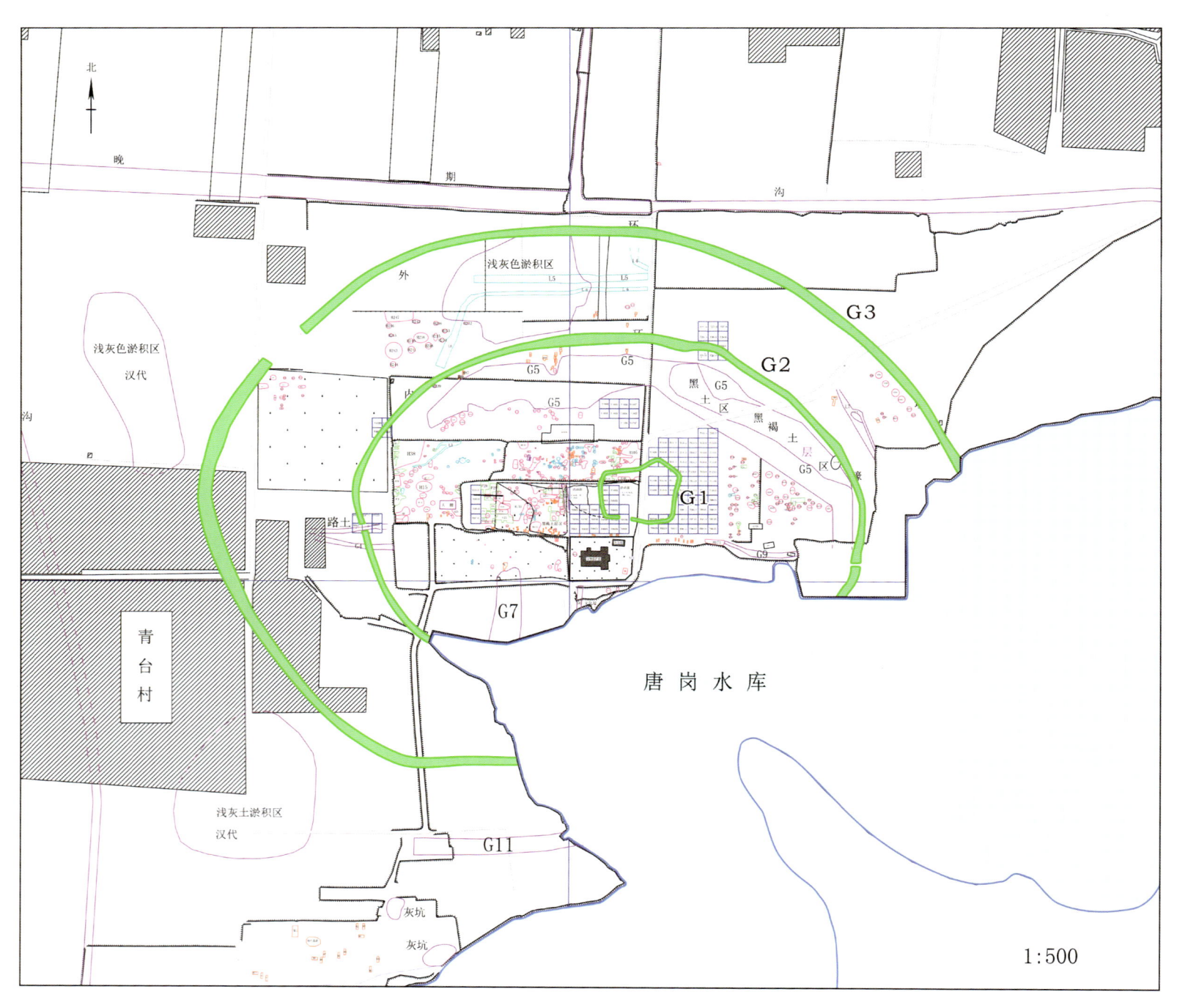

青台遗址平面图

1948年—1949年，荆三林等在高村、广武北部一带调查了包括青台在内的新石器时代遗址，并写成《广武地区考古纪略》。

1951年，中国科学院考古研究所河南调查团夏鼐、王仲殊、安志敏、马得志等联合调查发掘了青台遗址，并在青台遗址第一次发现了仰韶文化遗存本身分期的地层证据。成果《河南成皋广武区考古纪略》发表在1951年的《科学通报》杂志上。

1981年3月，郑州市博物馆成立青台遗址发掘队，于1981年—1984年、1987年进行了数次发掘，根据发掘材料将青台遗址分为四期，主要是大河村类型的文化面貌，最为引人注目的是在青台遗址发现了中国北方地区最早蚕丝织的帛和罗。

2015年，为从考古角度呼应国家"一带一路"倡议，经过国家文物局批准，郑州市文物考古研究院联合中国丝绸博物馆和荥阳市文物保护管理中心向国家文物局申请以"寻找中国丝绸之源——郑州地区仰韶时代中晚期考古学文化面貌与文明起源问题研究"为主题的考古项目，2015年底，获国家文物局批准。勘探工作主要围绕遗址的中心区及其东半部以及外围边缘区进行，共勘探遗址面积100万平方米。经系统调查勘探、重点发掘和整理研究，已获取了重要考古新发现。

在遗址中心区及其外围共发现绕遗址分布环壕3条。中心环壕近呈长方形，居遗址的中心区域，环壕内外文化层堆积较厚。遗址中心区及其东半部分布有密集灰坑，大小深浅不等，同时亦发现有红烧土分布区、房址、墓葬等。中心区向外的第2和第3道环壕，形状较相同，近呈椭圆形，两道环壕西北及西南部沟体中均发现有生土隔断，且发现有路土，推测为贯通遗址内外的通道，第2道与第3道环壕间分布遗迹较少。三重环壕设置的出入口形制不一。青台遗址三重环壕的发现为仰韶时期防御体系、工程技术状况、利用水资源等问题的研究提供了重要材料。

青台遗址墓葬较为普遍地使用了葬具，葬式多疑似经过缠裹，这对研究仰韶时期的葬俗、葬制有重大意义。

目前在青台遗址发现的房址有着三种不同的形制、三种不同的建造方法、三种不同的建筑结构，这为揭示仰韶时期的社会组织结构、婚姻家庭形态、生产力水平等提供了多向思维方式。

在青台遗址北斗九星发掘前，学者对新石器时期古人对天体崇拜的研究多依据彩陶上的各种日、月、星辰等图案纹饰，而九罐及附近遗迹若与北斗九星有关的话，说明青台先民们

青台遗址北斗九星遗迹

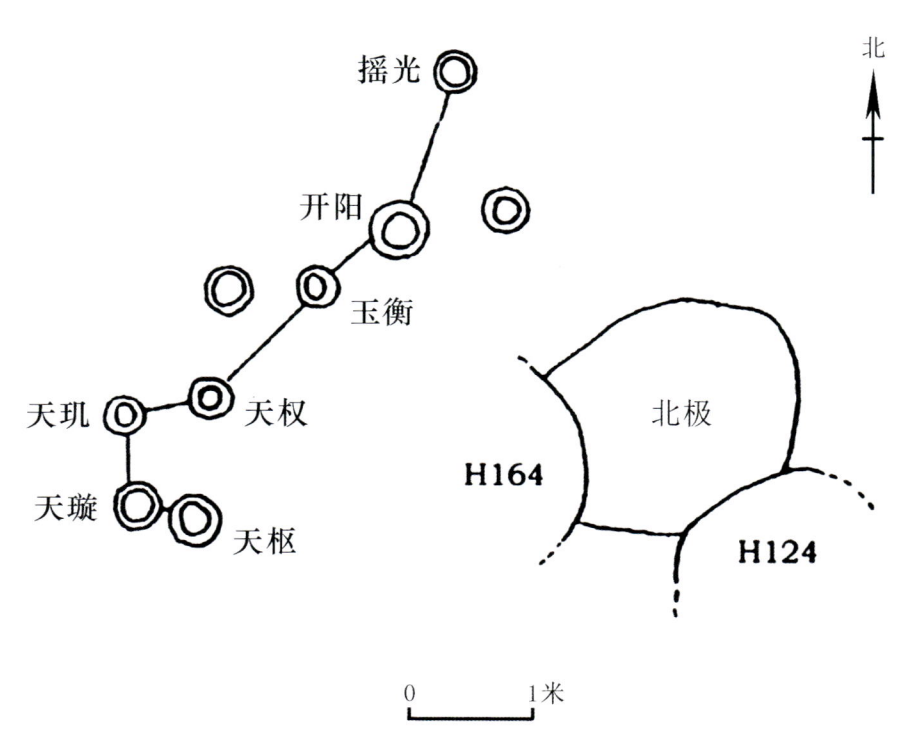

青台遗址北斗九星示意图

已会观测天象，具备了一定的天文气象知识，并对天体的认识有了相当的深度，对北斗天体的崇拜可能也已形成了一套隆重的祭祀仪式。万物滋养、阳气上升的季节，"斗柄指东，天下皆春"，青台先民的部落首领可能站立于寓意天的圆形土筑台上，主持祭祀北斗，祭祀天地日月，祈祷来年丰收的仪式。历史上关于北斗九星的组成有两种说法，青台遗址仰韶时代北斗九星的排列方式将为此提供新的极其重要的讨论素材。

20世纪80年代，郑州市博物馆在青台遗址配合当地农田水利建设的发掘过程中，出土了大量幼儿瓮棺，在4座瓮棺中获取了一批炭化纺织物，从遗址窖穴内出土了炭化麻绳等重

青台遗址圆形祭祀坑

青台遗址出土丝织品

要遗物。经过上海市纺织科学研究院纺织史研究室专家对已炭化严重标本进行鉴定，这批出土的织物不仅有用麻织的布，还有用蚕丝织的丝织品。这些丝织品除平纹织物外，还有组织稀疏的浅绛色罗。其中开口于T11⑦层下的W164出土的距今5500年的丝织品，是迄今已发现中国最早的丝绸。

青台遗址发掘出多个覆盘状或覆盆状陶器，先后命名为"平底器""干食器""陶鏊"，此类实物在以嵩山为中心的豫中地区大量出土。发现这类覆盘（盆）状、圆饼状、盘鼎状的夹砂炊具并确认用鏊来统一命名这类器物，为了解和认识中国豫中地区新石器时代炊具群、

青台遗址出土陶鏊

青台遗址出土陶壶

粮食加工方式、饮食方式、食物加工技术、食物状况等提供了实物研究资料,开阔了研究思路和学术视野。

青台遗址一座墓葬中发现一件非常完整的葫芦瓶,其出土于墓主头前的壁龛中,造型精美,图像丰富,具有一定的学术价值。该葫芦瓶为泥质红陶,烧制火候较高,口部为近似觚杯形,略微亚腰, 腹部为罐形,溜肩,整体略扁,平底,具有桥型单把。

郑州西北郊仰韶晚期遗址众多,形成了一定规模的聚落群,青台遗址介于大河村和双槐

青台遗址出土彩陶钵

青台遗址出土陶器

树两个大型遗址之间,是仰韶中晚期又一重要的中心聚落遗址。经过系统的勘探和发掘,发现青台遗址聚落布局清晰,内涵丰富,材料新颖。这对揭开整个聚落群的面貌、性质有着重大的突破作用;对研究不同古环境下的仰韶遗址分布和特点有着重要意义。

青台仰韶遗址一系列重要考古发现,揭示了文明因素在郑州地区仰韶晚期遗址中的孕育,对探索中国文明形成早期发展过程中的人类精神世界和文化成就,中国文明起源与早期发展阶段的社会与精神文化研究等相关问题的研究有着重要的学术意义。

点军台遗址

点军台遗址位于荥阳市东北13千米的广武乡南城村东南1千米的一个缓坡土岗上。1980年郑州市博物馆对遗址残存部分进行了发掘，遗存共分四期，其中仰韶文化遗存可分三期。2015年郑州市文物考古研究院经过勘探，发现该遗址是一处带环壕的夯土城址。

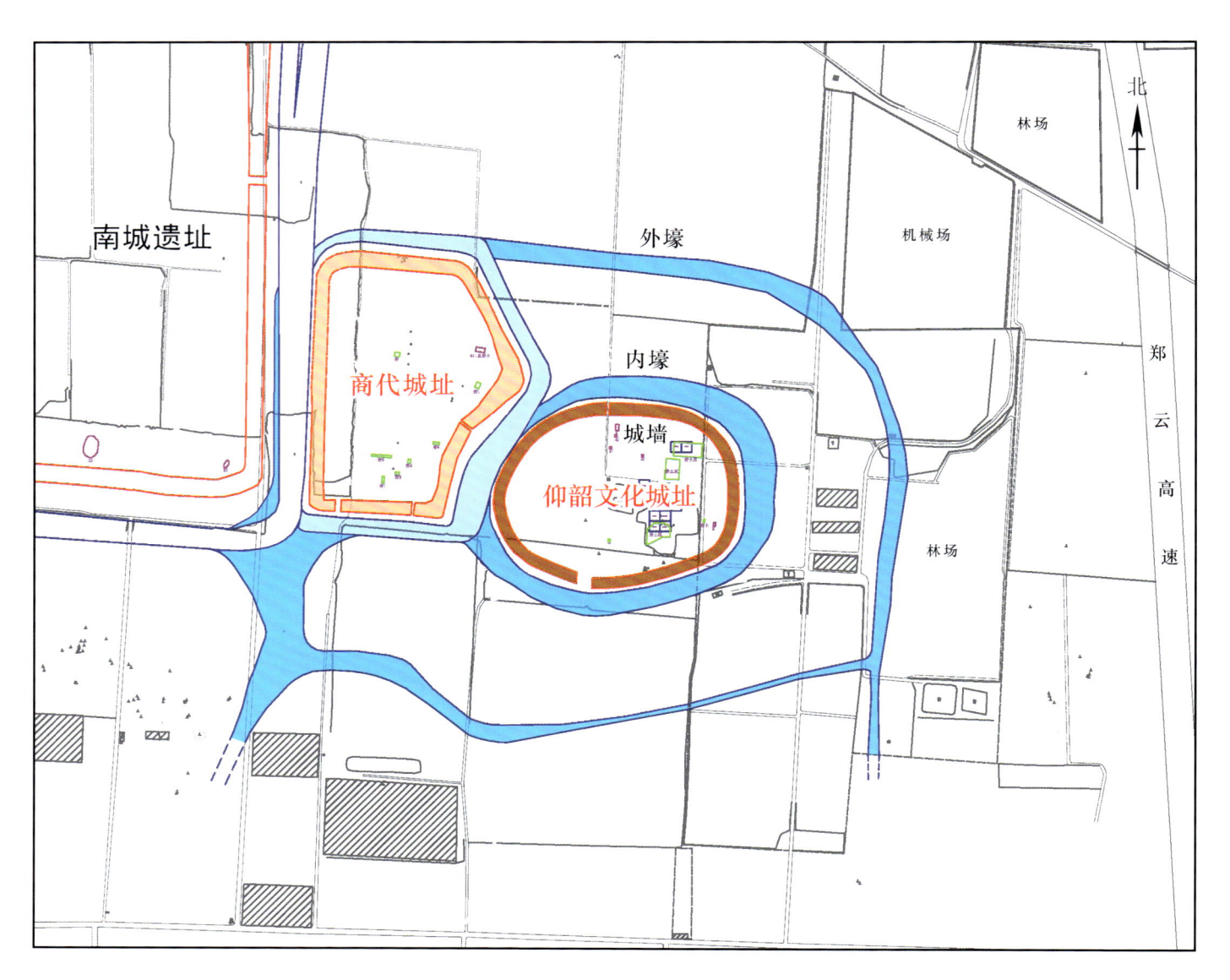

点军台遗址平面图

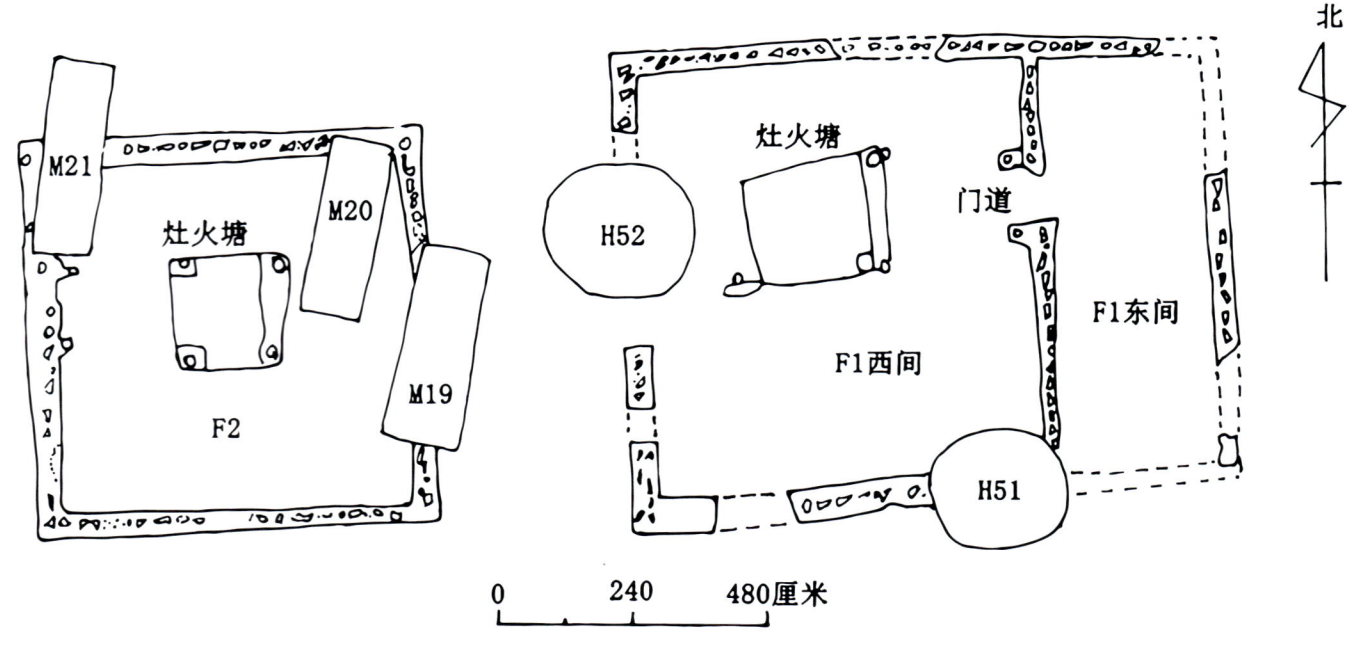

点军台遗址房址F1、F2平面图

点军台遗址夯土房址

点军台遗址出土陶鬶

秦王寨遗址

秦王寨遗址位于荥阳市北邙乡枣树沟村西北濒临黄河的半岛形台地上。遗址东西长390米，南北宽260米，面积约10万平方米。1921年瑞典人安特生派人在荥阳一带收集古物时发现了秦王寨遗址。秦王寨遗址出土遗物为仰韶文化晚期遗存，遗物具有典型地方特征，被学者命名为"秦王寨类型"。后经郑州市文物考古研究院勘探发现该遗址有大型夯土遗存。

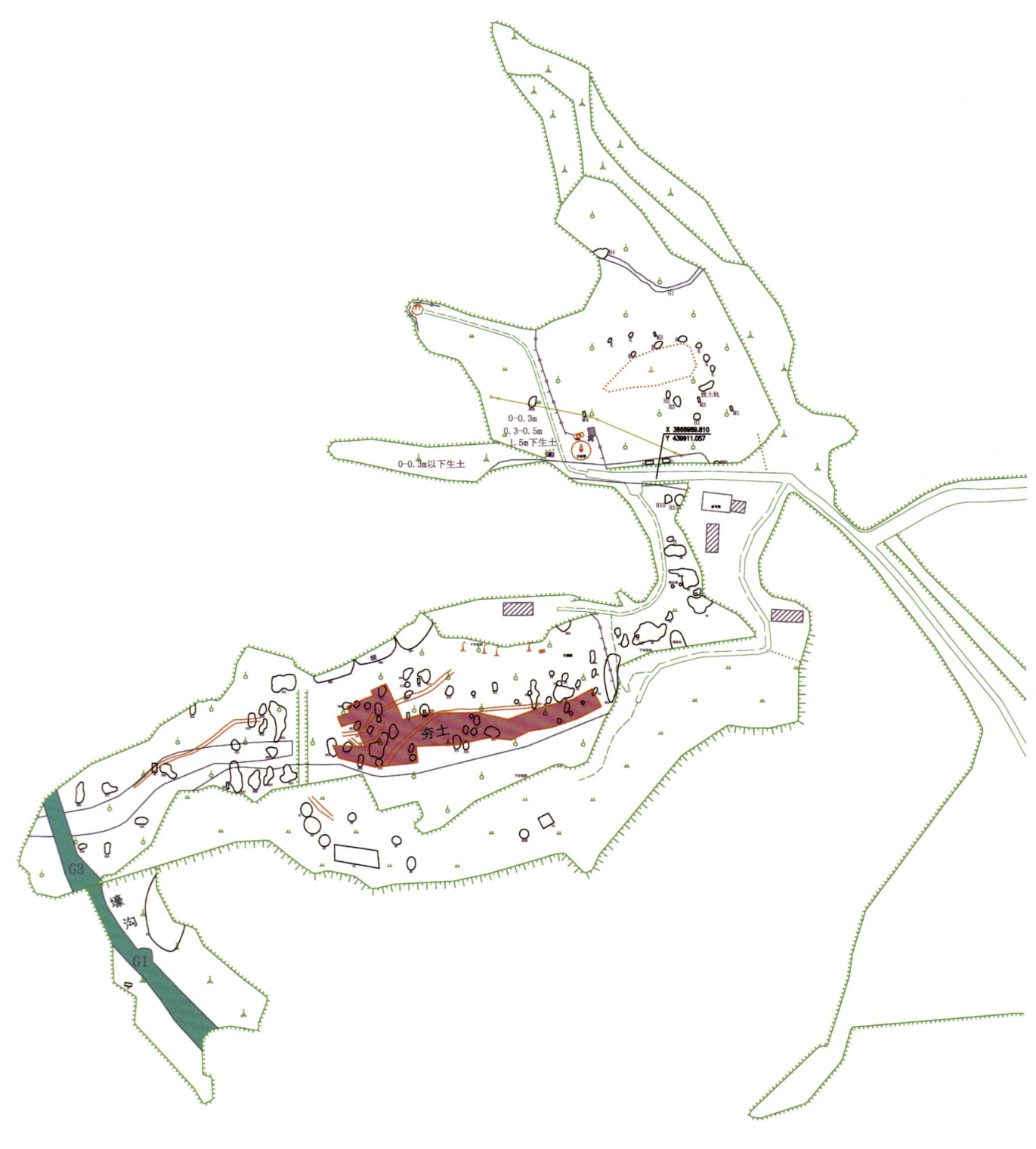

秦王寨遗址勘探遗迹分布图

秦王寨遗址西环壕剖面

秦王寨遗址出土陶器

秦王寨遗址出土彩陶罐

秦王寨遗址出土彩陶钵

西山遗址

西山遗址是1984年文物普查时发现，面积17万平方米，由于面积大，遗存丰富，被郑州市人民政府于1986年公布为市级文物保护单位。1992年，河南省文物局在此举办各地市文物干部业务素质考古培训班，1993年—1996年，国家文物局考古领队培训班连续3年对其进行发掘和探索，先后揭露遗址面积达4700平方米，共清理房基120余座，窖穴、灰坑1600余座，灰沟20多条，墓葬200余座，瓮棺葬130余座，并出土大量遗物。该次发掘最重要的发现是仰韶文化晚期夯土建筑城垣。1996年2月，西山遗址的发掘被评为1995年度"全国十大考古新发现"，同年11月，西山遗址被国务院公布为第四批全国重点文物保护单位。

西山古城址位于西山遗址的中部偏东，平面近圆形，现存为城址的中部和北部，东南部已被毁坏。西城墙残存约60米，磁方向约55°；北城墙西段自西北角向东北方向延伸，已发掘长度约60米，磁方向约45°；中段向东圆缓折转，钻探发现北段城垣略向外弧凸，长约120米；再折向东南，残长约50米，至断崖消失。现存城内面积约1.9万平方米，东西墙之间最大距离为200米，据此估算复原古城的城内面积超过3万平方米。

西山古城址城墙的建筑采用了当时最先进的技术——版块夯筑法，分层逐块逐段夯筑。版块大小不尽相同，一般长1.5—2米，宽1.2米，夹板厚度为0.04—0.05米，夹板高度为0.3—0.5米。在版块内逐层夯筑，用此方法向前向上进行建筑，向上过程中城墙夯块向内收分，形成一级级宽度0.1米左右的台阶。当上层版块夯筑好后，将收分处用土填满拍打结实，使外侧形成陡峭的斜面，因此城墙横剖面呈梯形。现存城墙平面多由三排版块组成，西北城角处因加宽所以有横排五版。城墙局部地段中间挖宽约0.3米、深约0.04—0.05米不等的基槽，槽内栽立柱，利用立柱固定夹板，两面同时逐块夯筑，版块间保存基槽和因埋设立柱而形成的柱洞，柱洞直径一般0.12米左右，深0.3—0.7米。城墙夯层厚度一般为0.04—0.05米，中心版块夯层厚度达0.08—0.1米，平面夯窝一组多呈梅花状，单个夯窝呈圆形，底不平，直径约0.04米，深0.3—0.5厘米。由此推测西山古城址使用的夯具可能为数根一组的集束棍。西山古城址城墙的版块夯筑方法灵活实用，从打破城墙的灰坑剖面可观察到，除上述夯筑方法外有些中间的版块使用直接分层填土铺筑的方法，以节省劳力；西北城墙拐角处夹板直接保留于夯土之中，并在筑墙中已使用穿棍。

夯筑的填土来自城墙两侧，大多数来自墙外侧的壕沟，少数来自墙内侧沟。城墙外侧壕

西山遗址原貌

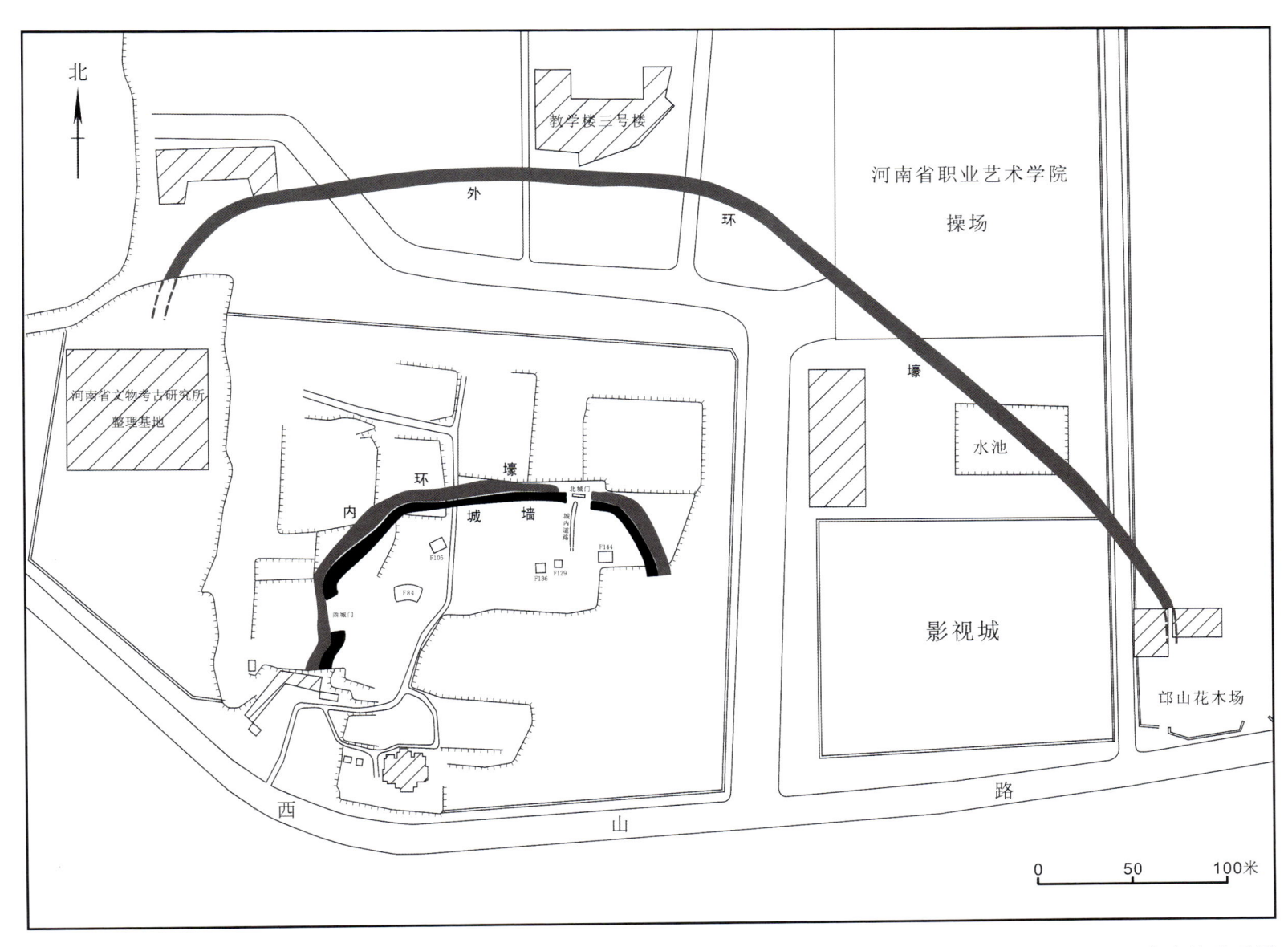

西山遗址平面图

沟宽且深，宽4—7米，深3—5米，最宽处达11米。城墙内侧沟并不相连，并且沟并未长期使用。

西山古城址仅存西城门和北城门。西城门现存17.5米宽，在城门北侧城墙上存有可能为望楼的建筑基址，与城门相对的外城壕两侧各有一个直径达3米的半圆形生土墩台，其间壕沟的宽度仅2米，推测其为方便出入时搭建板桥的建筑设施。北城门现存宽约10米，平面呈内宽外窄的"八"字形。城门东西两侧有两个附筑城台，城门外北侧中间横筑一道长7米的护城墙，城门中部南北向一条长25米、宽1.75米的道路，用粗砂和红烧土混合铺垫而成，应是进出西山古城的重要通道。

西城门内东侧有一呈扇形的夯土建筑基址，周围有数间房基环绕，再向北有一处面积超过100平方米的广场公共设施。城内中部和南部有较多的房基和灰坑，明显为生活居住区，发掘最大房址面积超过100平方米；城内西北部地势较高，因此发现较多大型的储物窖穴；城内北部分布有一墓葬区，该墓葬区经历先为墓葬区、后为居住区、再后又成墓葬区的变迁过程。

西山古城址城墙的修建不仅考虑到坚固，还兼顾防御时期的实用性，比如修建城墙时外侧陡直，内侧较平缓，并且城墙外侧涂抹0.3—1米的泥，使其外表光滑，外敌难以攀爬；对防御薄弱的城墙西北隅处，修建时加宽加厚，底部基地宽11米，现存顶部宽度仍有8米；城门内外设置有望楼、台门、护门墙等用于人员防护值守的建筑遗存，城墙外侧修建宽且深

西山古城址城墙版筑遗迹　　　　　　　　　　　西山古城址城壕

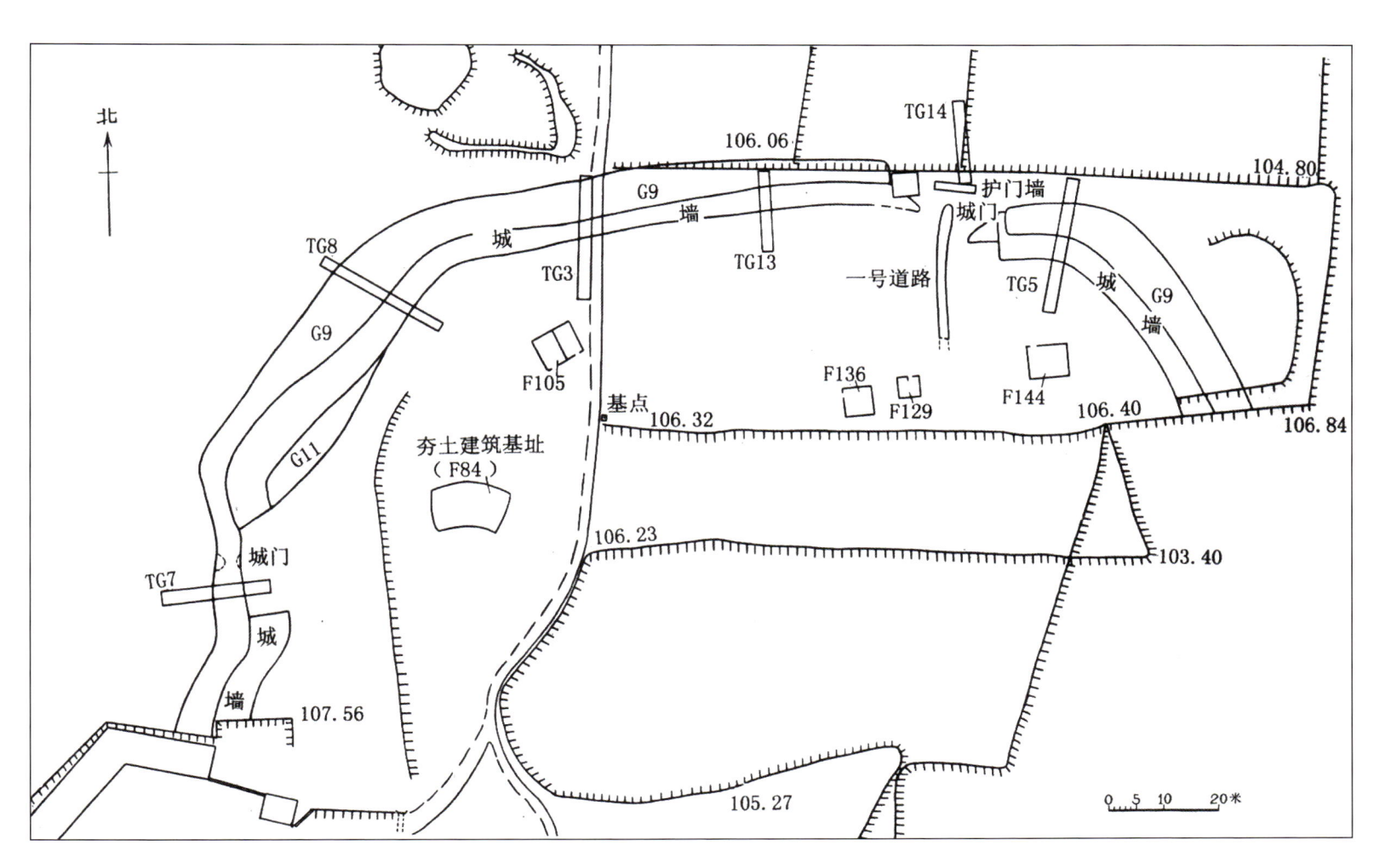

西山古城址遗迹分布图

的壕沟，防御体系坚固。各种防御建筑遗存可以证明，西山古城址在当时应有可指挥军事力量与敌方集团作战的军事权力拥有者。

西山古城址城内功能区划清晰，建筑布局有序，居住生活区、墓葬区、陶窑区、储藏区等区域功能显著，有力地证明西山先民充分利用自然环境条件，有意识、有目的地规划布局，同时强有力地组织管理进行各种建设，充分说明西山古城址内在当时有一个掌握社会运行的政权集团。

西山遗址出土彩陶钵

西山古城址西城门门道上层奠基遗存

　　西山遗址发现了一批特别遗存，在同时期黄河流域中原地区的仰韶文化聚落中不多见，尤其是奠基和祭祀类的遗存，如建造房基时在房址内下挖小坑，放置奠基陶罐或鼎，有食祭、儿童祭等形式，也有放置空罐的祭坑，且有些是随房屋建筑过程多次进行的。推测这种奠基仪式是西山先民在建筑房屋过程中一种独特的建筑文化现象。另发现较多的灰坑中有扔弃的完整或散乱的人骨、完整或部分残缺的大型兽骨架。这些人祭、牲祭等现象应该是举行某种祭祀仪式而留下的，反映的是精神文化的特征，从一定程度上可以说明原始礼仪制度的萌芽和发展。

　　西山遗址的一系列重大发现，多数为黄河流域的仰韶文化所不见，尤其是西山仰韶文化古城址的发现极其重要。黄河流域郑州地区处于仰韶文化中期偏晚段的遗址分布密集，数量较多，但聚落层级分明。西山古城址是郑州地区乃至黄河流域发现最早的史前城址，有"中原第一城"的称号。它是原始社会末期军事民主制的产物，显示出氏族制内部出现矛盾，社会集团间斗争激烈，一种高于氏族制的社会制度正在孕育。西山遗址毫无疑问是有一定号召力的统领一方的聚落中心，并且极有可能是当时的政治中心。这一系列重大发现将中国建筑城池的年代、中国夯筑技术的历史均提前至距今5300年，凸显其在郑州地区乃至黄河流域文明起源时期的重要性，为研究中原地区文明的起源、中国历代城址的演变提供了极其珍贵的科学资料。

（三）河南龙山文化

郑州地区的河南龙山文化发掘开始于 20 世纪 50 年代，发掘的规模随着基本建设的进行和城市框架的不断扩大而增大，重要发现层出不穷。郑州市区从 20 世纪 50 年代陆续发掘了郑州西郊的旭奋王、牛砦遗址；70 年代又陆续发掘了郑州南郊的阎庄、站马屯遗址，登封王城岗、程窑，荥阳竖河遗址，新密新砦、古城寨遗址等。

郑州地区的河南龙山文化可以分为早、中、晚三个发展阶段。大量发现和经过发掘的主要是河南龙山文化晚期遗存，各遗址之间的面貌特征有一定的差别，已出现了以城址为中心的聚落。这些发现反映了郑州地区在龙山时代所具有的重要地位。

河南龙山文化展厅

郑州市河南龙山文化遗址分布图

古城寨城址

古城寨城址位于新密市曲梁镇大樊庄古城寨村周围，溱水东岸的河旁台地上。城址为东西向长方形，面积 27 万平方米。古城寨城址是中原地区规模较大、全国城墙保存最好的龙山时代晚期城址。它反映了当时城建规划、夯筑技术和土木建筑技术的进步，已发现的宫殿式建筑为二里头文化中的大型宫殿和廊庑式建筑开了先河。

城址位于古城寨遗址的中心区，南、北、东三面城墙至今仍屹立在地表之上。东城墙保存最好，无一处断缺。在南北城墙的中部有相对的两个城门缺口，至今仍是村民出入的唯一通道。在城墙南、北、东三面发现有城壕，应该是古城的护城河。护城河在城的西北部引溱水东流，至城东北角向南，到城的东南角与城南的一无名河汇流，形成南护城河，西面是利用自然河即溱水做屏障。城址规模宏大，墙高沟深，气势雄伟。

古城寨城址俯瞰

北墙地下基础长 500 米，基础宽 42.6—53.4 米；地上墙底宽 12—22 米，顶宽 1—5 米，墙长 460 米，墙高 7—16.5 米。南墙地下基础长 500 米，基础宽 42.6—62.6 米；地上墙底宽 9.4—40 米，顶宽 1—7 米，墙长 460 米，墙高 5—15 米。东墙地下基础长 353 米，基础宽 85.4—100 米；地上墙底宽 36—40 米，墙高 13.8—15 米，墙长 345 米。西墙的复原长度 370 米。护城河宽 34—90 米，深 4.5 米见软泥，不到底。

城址中部略偏北发现一座长方形夯筑高台建筑，南、北、东三面有廊，方向与城址一致，坐西朝东，南北长 28.4 米，东西宽 13.5 米，面积为 383.4 平方米。在房基南、北、东三面还发现有廊柱柱基 19 个，南廊西侧现存 2 个，北廊残存 5 个，东廊残存 11 个。

在 F1 以北 7.4 米处，发现了一座廊庑式建筑基址，由三道墙基槽、门道、守门房和众多的柱洞组成。房基方向亦与城址一致，现已发现的长度为 60 余米，基宽 4 米，三道墙基槽为南北并列，每道宽 0.3—0.5 米不等。南北两基槽内有较多的柱洞。在中间略偏东有一个 1.1 米的缺口，缺口外侧东西两边各留有门柱柱洞，推测这个缺口当是门道。进门后往西在其南北向西墙之间又有两道南北向的横墙，形成一间小房，应是当时的门卫房。

古城寨龙山文化夯土建筑基址 F1

古城寨龙山文化廊庑基址 F4

廊庑基址的建筑方法应是先平整原始地面，高铲底垫，垫土部分经夯打，然后在设定的基础高度上挖基槽和外廊柱洞，底部填土打夯，再立柱填土夯实。此建筑应为宫殿的组成部分。

除大型建筑外，城内其他遗迹主要为灰坑及墓葬。灰坑可分为圆形、椭圆形和不规则形，用途可分为窖穴及垃圾坑。如 H4 为圆形袋状，内有台阶，出土器物较多，包含有罐、鼎、瓮、缸等，用途应为窖穴。

古城寨城址内堆积较厚，包含有仰韶、龙山、二里头、二里冈等文化，各种文化错综复杂，但以龙山文化遗存为主。其龙山文化遗存基本反映了城址内外龙山文化的大体面貌和发展序列，应为王湾三期文化。

古城寨城址出土玉环　　　　　　　　古城寨城址出土陶斝

从个别器物特征看，古城寨龙山文化曾受到南、北、东其他类型龙山文化的影响。遗址出土的精美陶器及釉陶，石、玉、骨、蚌器的加工制作遗迹，熔炉残块等说明古城寨城址龙山文化时代各种手工业分工精细，金属制造业已经存在，农业已经有了较快的发展，粮食已有剩余，家畜饲养较为普遍。高大城墙的修筑，先进的小版筑方法，大型宫殿基址和结构复杂的廊庑基础的发现，说明古城寨城址龙山时代建筑技术的显著进步。

古城寨城址面积较大，高墙深池且南北仅有两个城门，显示了它的封闭性和所具有的军事色彩，城内的大型宫殿和廊庑建筑的方向与城墙十分一致，夯层与夯窝又非常统一，足见其修筑是经过统一规划、精心设计和严格监督施工的，它是我国古代筑城史上完备的双重防御体系之一。

从历史的角度分析，修筑这一工程巨大的城址，只有社会发展到一定程度并出现权力集中的统治集团才能够完成。城址中生产工具较为罕见，说明城中居住的可能不是一般劳动者，城址该是有别的用途。该城从始建到废弃时间较短，亦说明当时的社会正处于大变革、大动荡时期。据文献记载，嵩山周围地区是我国的第一个王朝夏的重点活动区域之一。新密市古城寨龙山城址地近嵩山，又处于龙山文化晚期，而龙山文化晚期遗存正是探讨早期夏文化的重要对象之一，所以该城址的发现不仅为探索夏文化，同时为研究我国文明起源与国家形成增添了重要资料。

王城岗遗址

王城岗遗址位于登封市告成镇八方村东北，俗称"王城岗"的岗地上，遗址以河南龙山文化中晚期遗存为主，兼有裴李岗文化、二里头文化以及商周时期文化遗存。经过考古发掘，发现龙山文化晚期东西并列的小城2座，在小城的西面发现了一座龙山文化晚期的大城，大城总面积约34.8万平方米。此外，还发现有大型房基、奠基坑、窖穴、灰坑等遗迹，出土大量陶器、石器、骨器、铜器等生产工具和生活用具。

1950年，为确保文物的安全，河南省文物保管委员会决定对河南中西部的山川河流及其两岸做文物调查。文物调查主要在郑州、登封、禹县（今禹州市）等地进行，告成八方遗

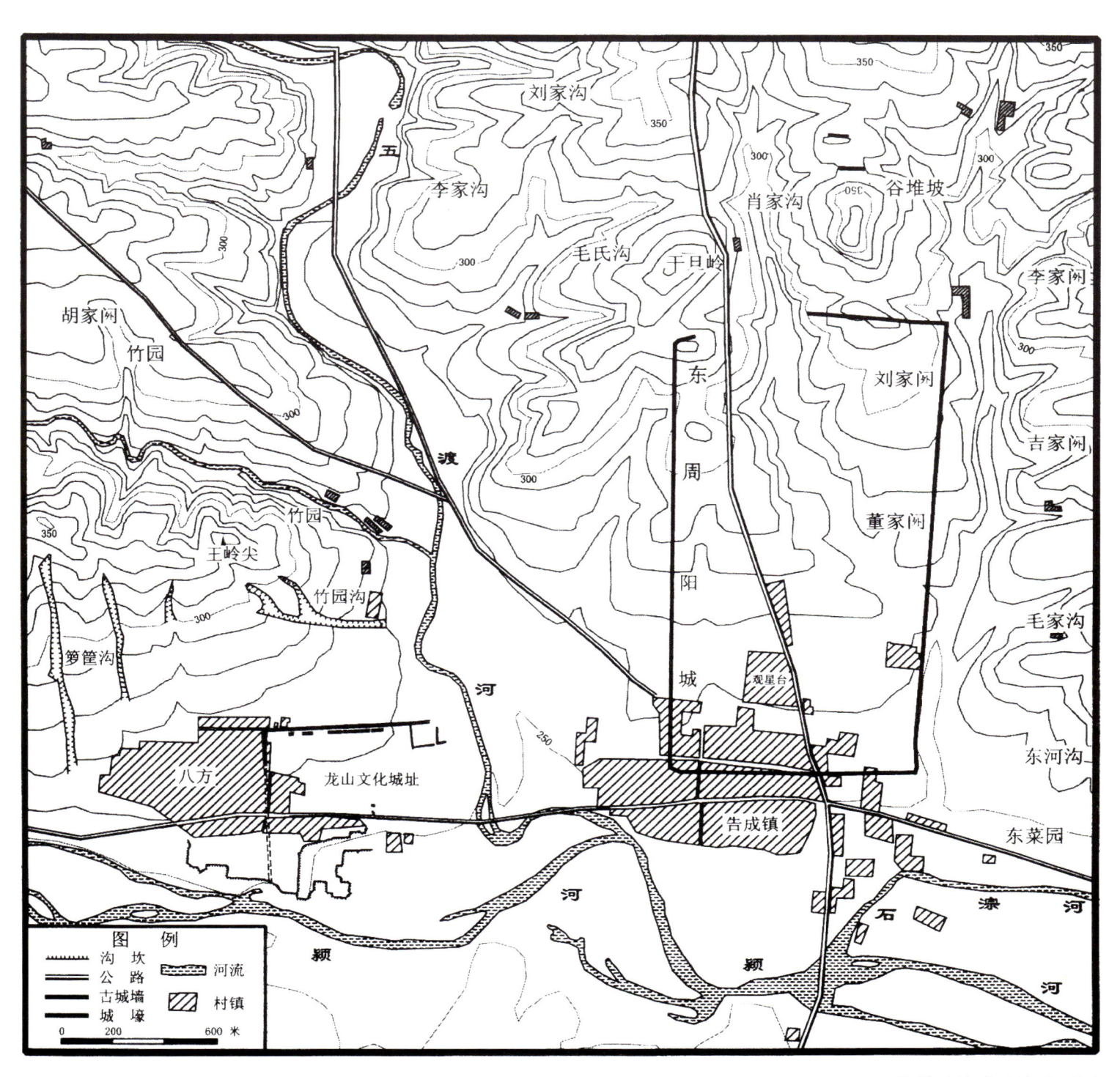

登封王城岗遗址平面图

址（后更名为王城岗遗址）是此次最为重要的发现之一，并由此奠定了中国夏代考古的基石。

1959年，徐旭生先生为寻找"夏墟"，对八方遗址及八方村外围几个重要遗址进行了详细的调查，相关内容记述在著名的《1959年夏豫西调查"夏墟"的初步报告》中。

1975年，河南省博物馆文物工作队（河南省文物考古研究院前身）组成由安金槐先生带队的探索夏文化工作小组，以告成八方村一带为基点，开展考古调查、钻探与试掘工作。1977年，安先生的调查组取得了重大发现：发现了一段夯土墙（当地百姓指认为王城岗）；发现一座大型夯土建筑基址；发现了二里冈文化遗存、二里头文化遗存、河南龙山文化晚期遗存的地层叠压关系的"新三叠层"。

1992年，《登封王城岗与阳城》考古报告出版，报告认为：王城岗遗址龙山文化二期东西相连的两座城址和城内龙山文化二期许多重要遗迹、遗物，对探索夏代文化是一个重大

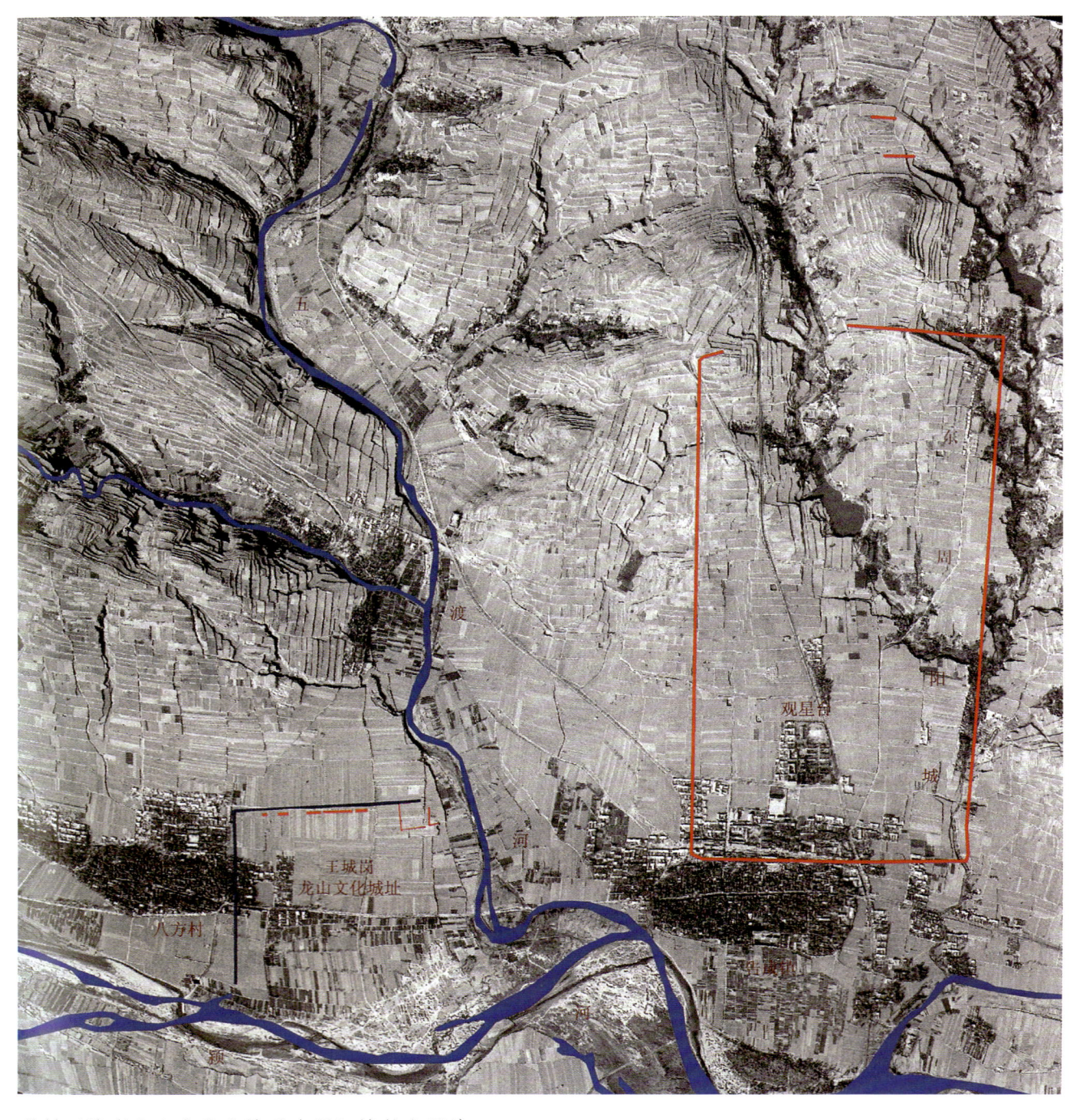

登封王城岗龙山文化大城及东周阳城航空照片

夏鼐在登封告成考古工地标本室观看标本

的突破；两座城址的位置，和文献记载的夏代阳城地望十分吻合，初步认为王城岗的两座城址有可能是夏代城址，且很可能就是夏代的阳城遗址。

有关王城岗遗址的发掘与研究引发了考古学界的五个大事件。

第一，1977年，王城岗龙山小城被发现，当年11月，国家文物局在登封召开"河南登封告成遗址发掘现场会"，会议围绕王城岗遗址的发掘，探讨夏文化问题。这次发掘现场会拉开了我国考古界夏文化研究的序幕。

第二，1983年5月在郑州召开中国考古学会第四次年会。年会的中心议题是"商文化的研究与夏文化的探索"和"中国各地青铜文化"。安金槐先生在《近年来河南夏商文化考古的新收获——为中国考古学会第四次年会而作》一文中指出：根据发掘材料，我们初步认为王城岗城堡有可能是夏代的重要建筑遗存。与会专家有赞同安先生的"禹居阳城"或"禹都阳城"说，也有旗帜鲜明表示反对的。

第三，1994年10月，中国先秦史学会、洛阳市第二文物工作队在洛阳共同发起"全国夏文化学术研讨会"，国内从事夏史和夏文化研究的著名学者大多到场，并就夏文化研究的一系列课题展开了热烈的讨论。这是自1977年"河南登封告成遗址发掘现场会"后，学术界又一次以夏文化研究为主题的学术盛会，提交的论文有不少是研究王城岗遗址的。

第四，1996年启动"夏商周断代工程"，这是一个浩大的系统工程，要将夏商周三代的年代学进一步科学化、量化，为夏商周这一特殊历史时期制定有科学依据的年代学年表，进而为我国古代文明起源、发展的研究打下良好基础。王城岗遗址发掘与研究是其中的重要组成部分。

第五，2002 年开始的"中华文明探源工程预研究·登封王城岗遗址周围龙山文化遗址的调查"和 2004 年开始的"中华文明探源工程·王城岗遗址的年代、布局及周围地区的聚落形态"研究，促使王城岗遗址的调查发掘工作取得了重大进展——新发现一座面积约 4.8 万平方米的大型城址。新发现的大城是迄今河南境内发现的最大面积的河南龙山文化城址，同时新发现了祭祀坑、玉石琮和白陶器等重要遗存以及大量的陶器。通过对王城岗龙山文化遗址的重新调查，将遗址的面积由过去所知的 40 万平方米扩大为 50 万平方米。

王城岗遗址龙山文化二期东西相连的两座城址的发现和城址内龙山文化二期许多重要遗存的发现，是探索夏文化的一个重大突破。这两座城址的位置和文献记载的"禹都阳城"的地望十分吻合。

王城岗小城位于大城的东北部，方向大体一致，王城岗大城的北城壕经五渡河和西城壕一起通向颍河的布局，是一种将人工护城壕与天然河流相结合的防御体系，与新密古城寨城址的外围防御体系有异曲同工之妙。小城与大城的城墙夯土都是用纯净的黄土夯筑，夯土层的厚度和夯窝的特征基本相同，夯土层的夯层之间都有细沙相隔，且夯窝较明显，在夯土中发现有河卵石，可见其夯土墙都是用河卵石类夯具夯打而成。大城和小城之间的关系有待于进一步的研究工作。

大城的北城壕打破小城西北拐角处的夯土城墙，由此推断年代要晚于小城，与大城共存

王城岗遗址出土陶器

的祭祀坑、玉石琮和白陶器等重要遗存都说明王城岗遗址是嵩山东南麓、颍河上中游重要的中心聚落之一。大城的测年数据晚于小城，其上限不晚于公元前 2100 年—前 2055 年或公元前 2110 年—前 2045 年，下限不晚于公元前 2070 年—前 2030 年或公元前 2100 年—前 2020 年，其中间值约为公元前 2055 年，与文献推定的夏之始年公元前 2071 年基本相当，且有许多有关鲧、禹、启的传说集中在这一带，因此，有诸多学者认为小城有可能是"鲧作城"，而大城有可能即是"禹都阳城"。

在 1975 年—1981 年对王城岗遗址的发掘中出土一件制作精致的泥质黑陶薄胎平底器，在其外底上发现一个文字，与商代甲骨文的"共"字形体结构相似，系由左右两部分组成，像两手有所执持。标本号为 H473：3，年代为王城岗龙山文化三期。此文字形体结构复杂，已脱离象形字范畴，属于象意字，表明当时文字创造已有所发展。

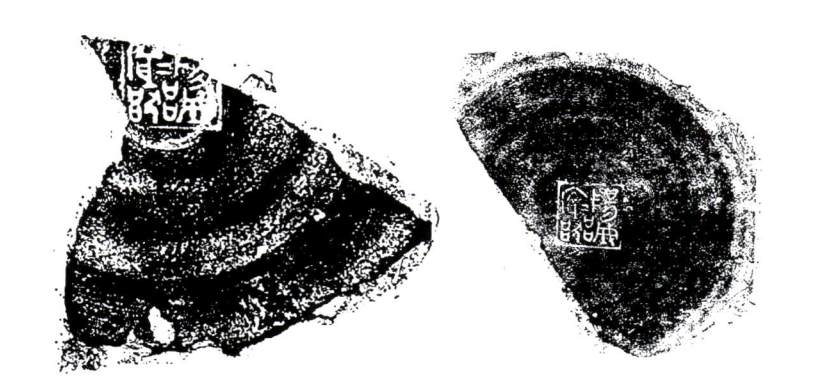

阳城遗址出土战国陶文

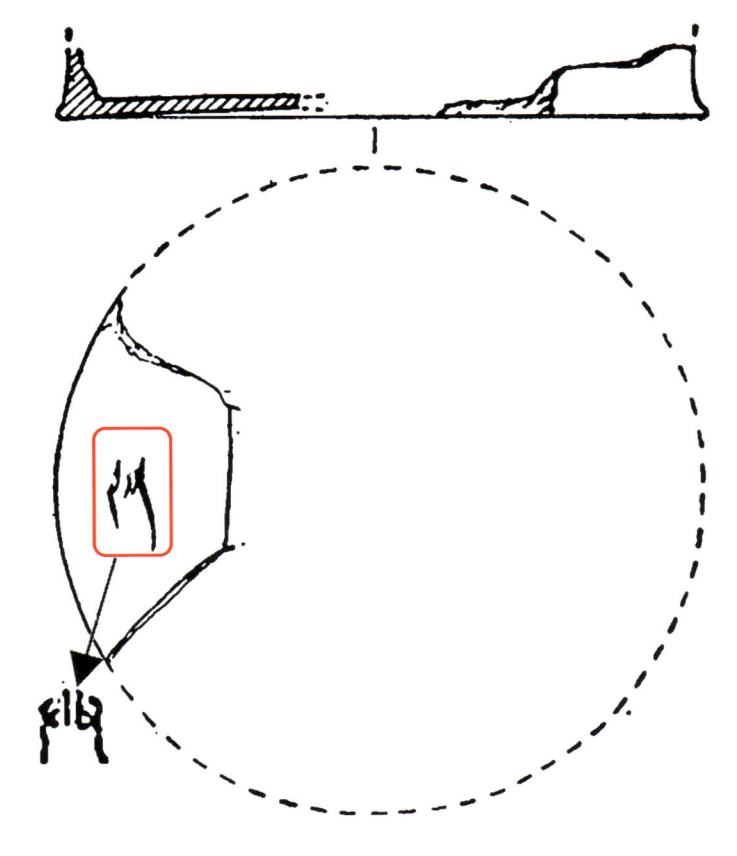

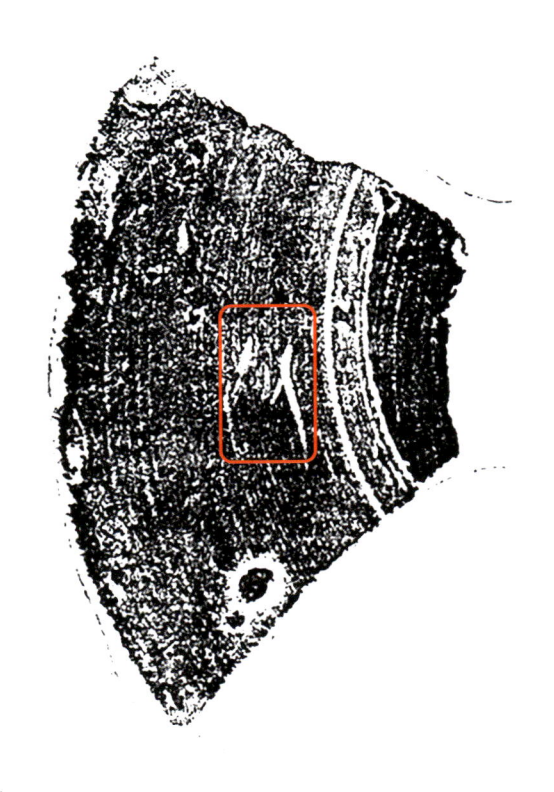

王城岗遗址出土黑陶薄胎平底器

三、新砦期文化

1979年赵芝荃先生在试掘新密新砦遗址后，首次关注到河南龙山文化与二里头文化之间的过渡遗存，提出了"新砦期"的概念。1999年再次对新砦遗址发掘后，围绕"新砦期"的概念、文化归属、源流关系及性质年代等问题，学界展开了广泛的探讨。

新砦期文化的典型陶器组合包括直壁双层钮器盖、深腹罐、高足鼎、尊形瓮、子母口瓮、小口高领罐、折肩罐、碗、钵、豆等；其遗址分布集中在环嵩山地区的东半部，主要遗址有新密新砦、巩义花地嘴、郑州东赵、郑州北二七路、新密黄寨、荥阳竖河等。

新砦期文化的绝对年代约为公元前1850年—前1750年，对新砦期文化遗址的发掘和研究为探讨夏文化和中原地区文明化进程提供了重要的考古学支撑。

新砦期文化展厅

新砦遗址

新砦遗址位于新密市刘寨镇新寨村西北的台地上，自1979年以来经多次发掘，取得了一系列重要发现。

遗址面积约100万平方米，主要有河南龙山文化晚期遗存、新砦期文化遗存和二里头文化早期遗存，以新砦期文化遗存最为丰富。发掘确认，新砦遗址是一处设有外壕、城壕、内壕共三重防御设施，中心区建有大型建筑的新砦期文化城址。

大型建筑基址位于内壕所围的内城的中部偏北，在遗址中心区，是一处新砦期晚段的多次使用的大型浅穴式露天活动场所。其规模宏大，居同时期同类建筑之首。它开口于二里头文化层之下，上距地表最深1.75米，该建筑西端已遭农田破坏，东端中间部分被近代扰土层

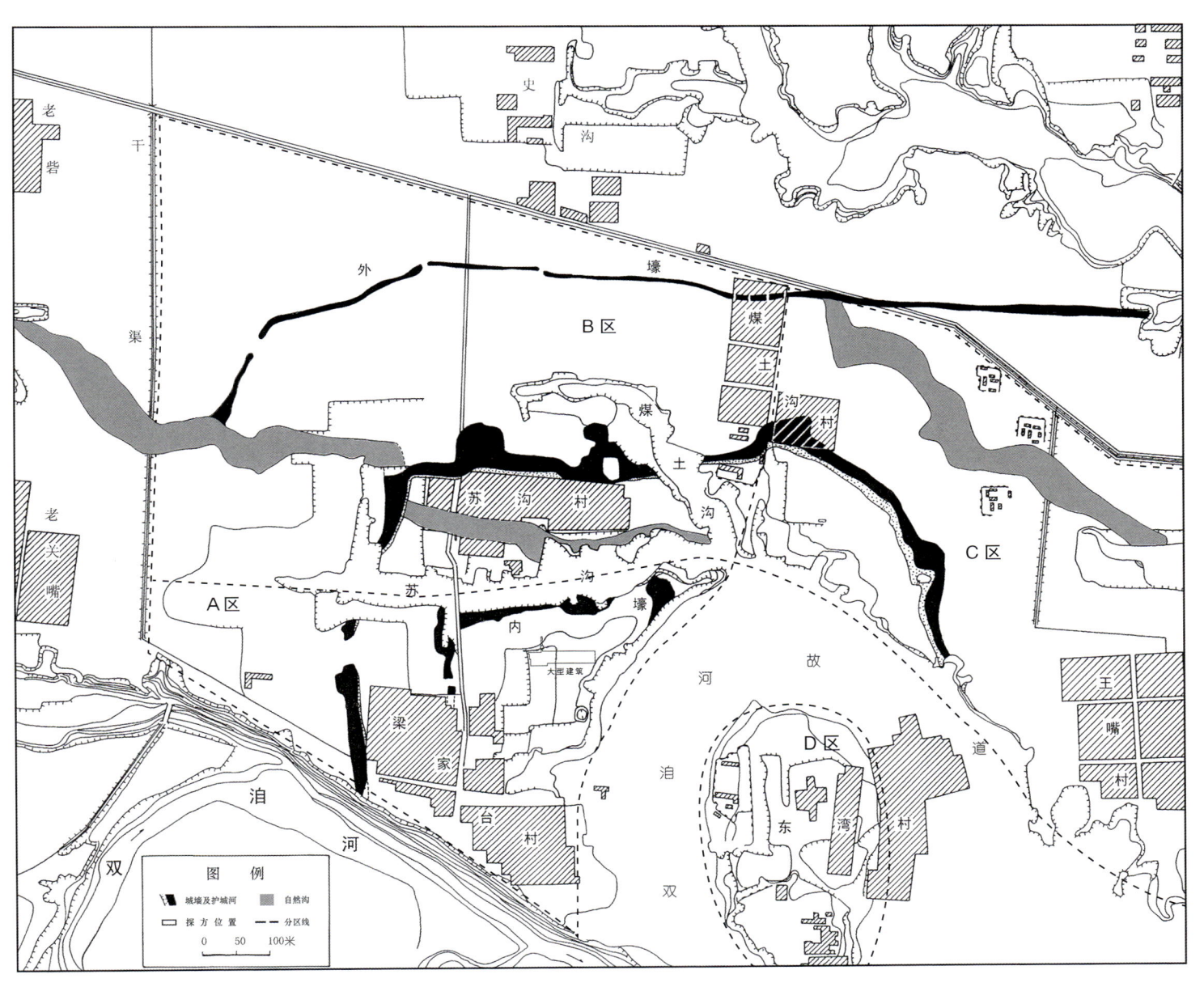

新砦遗址平面图

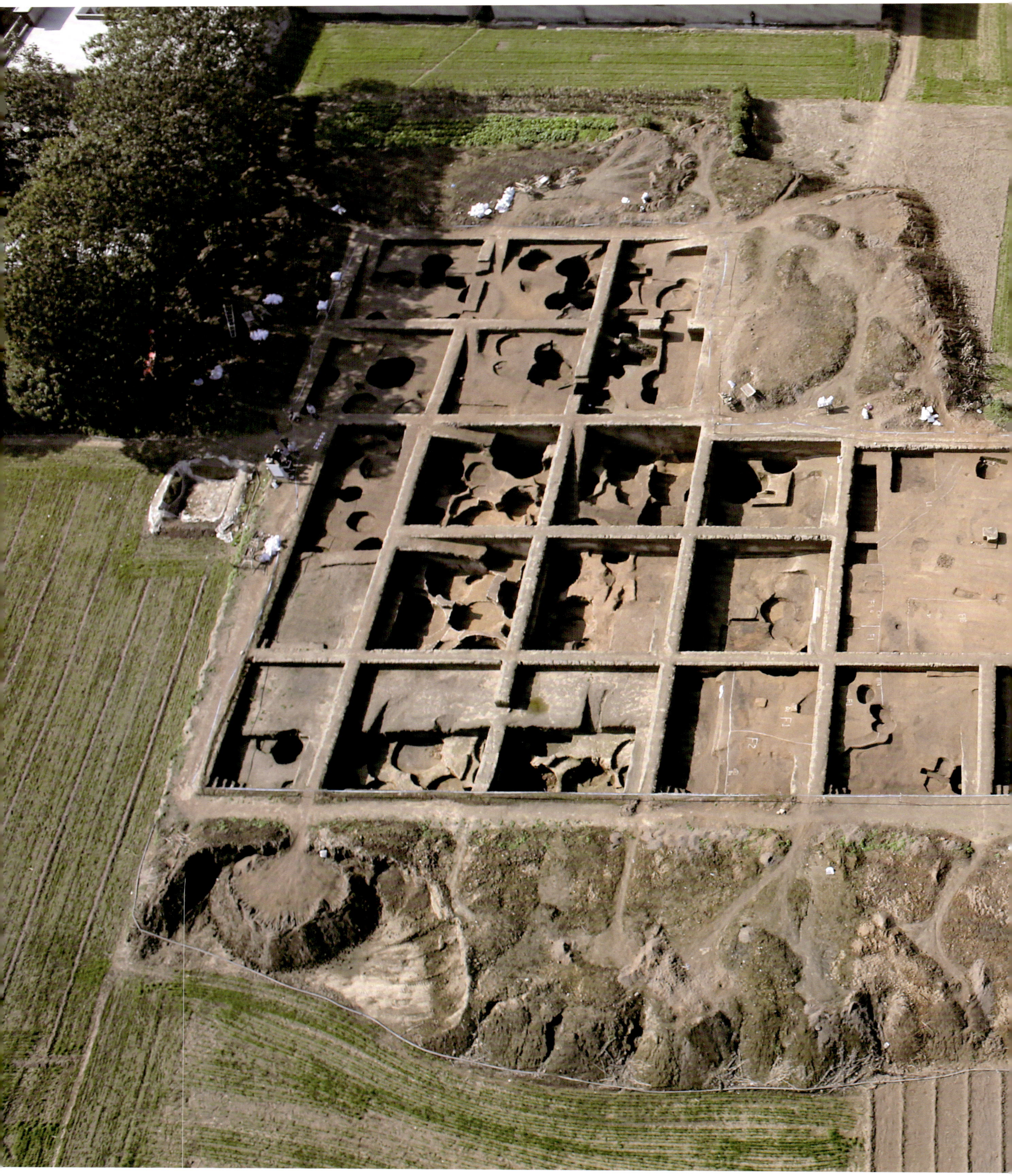

第二部分　郑州地区不同时期考古

新砦遗址航拍图

破坏，只在东端的南北两段保存垫土层，据此可以大体推断出东端的位置。现存部分整体呈刀把形，主体为长条形，唯东端向南内收2.4米。现存东西长92.6米，南北宽14.5米，总面积达1000多平方米。

经过发掘确定被其叠压的东西向大路为新砦期晚段遗存，说明浅穴式建筑上限不会超出新砦期晚段。叠压它的大多是二里头早期的文化层，说明它废弃于二里头文化早期。它自身

新砦遗址发掘城墙及夯窝

新砦遗址浅穴式大型建筑基址

包含的陶片均为新砦期晚段遗存，可见这一建筑建造、使用于新砦期晚段。

该建筑不仅在其边缘部位不见柱洞，而且在主体范围内也没有柱洞，这说明这个浅穴式大型遗迹原本就没有承重的柱子，很可能是一处大型的露天活动场所。无论是从其所处位置还是从建筑方式及规模来分析，此建筑都并非普通建筑。关于这一大型建筑的性质，可联系古籍中关于"坛"和"墠"的记载。高出地面的用土堆筑起来的为"坛"，低于地面的开掘

新砦遗址出土猪首形器盖

新砦遗址出土兽面纹陶片

新砦遗址出土陶盉

新砦遗址出土高足鼎

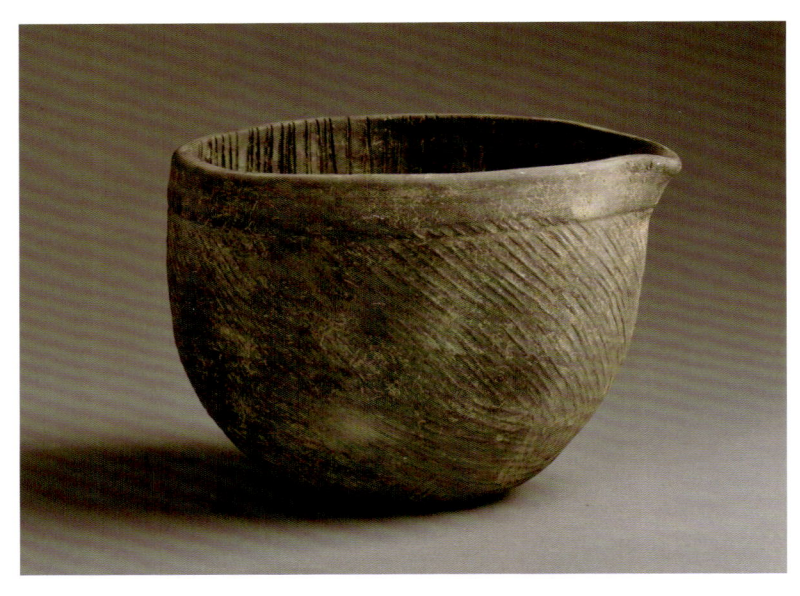

新砦遗址出土刻槽盆

新砦遗址出土器盖

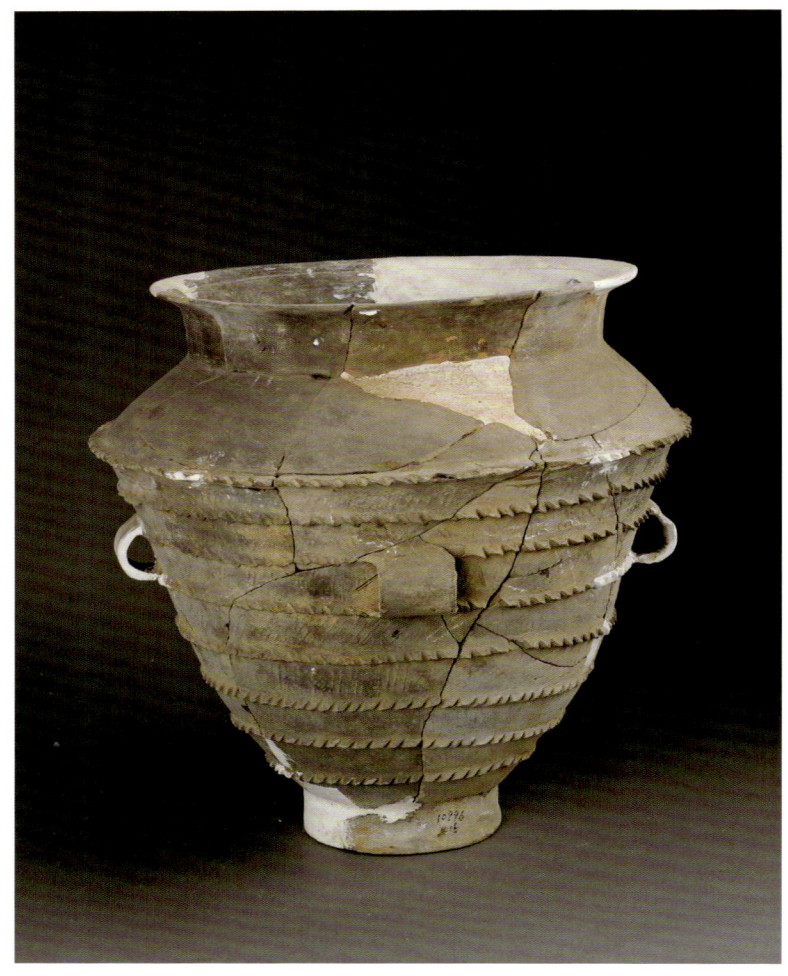

新砦遗址出土尊形瓮

新砦遗址出土深腹罐

新砦遗址出土朱绘陶鸟

新砦遗址出土玉圭

新砦遗址出土铜刀

新砦遗址出土青铜容器残片

出来的为"墠",均为祭祀性建筑。新砦遗址中心区发现的这座浅穴式大型建筑位于整个遗址的最高处,联系到在这一大型建筑附近发现有同时期的整猪骨架和盛放较多兽骨的小灰坑,或许说明这一大型建筑遗迹的确与"坛""墠"之类的祭祀遗迹有关。它的发现对于探索新砦城址中心区的建筑布局、判定新砦遗址的性质、研究中华文明的起源均具有重要的意义。

新砦遗址发现的"三叠层",即下层为龙山文化层,中层为新砦期文化层,上层为二里头早期文化层,证明了龙山文化与二里头文化之间确实存在新砦期,填补了龙山文化晚期至二里头文化早期的缺环。新砦期文化城址的发现,对于研究夏代都城和夏王朝的诞生以及中国古代文明的起源等问题都具有十分重要的意义。

花地嘴遗址

花地嘴遗址位于巩义市站街镇北瑶湾村南面的黄土塬上。1992年对洛汭地区进行文物普查时发现，现存遗址总面积约35万平方米。2004年4月—6月，北京大学考古文博学院与郑州市文物考古研究所组成联合考古队对该遗址进行正式发掘，同年该遗址被列入"中华文明探源工程预研究"项目。多年的文物勘探及发掘表明，花地嘴遗址是一处包含有环壕、壕门、房址、陶窑、祭祀坑、窖穴等重要遗存的新砦期文化环壕聚落，也是嵩山以北发现的第一处新砦期文化遗址，为新砦期文化地域性和类型学研究提供了重要的考古学材料。

花地嘴遗址有4条环壕，内环壕3条，相距颇近，均为圆角方形。外环壕1条，内侧距内环壕第3条9米左右。外环壕较宽，剖面为梯形，表面宽度约12米，深5—6米。经过勘

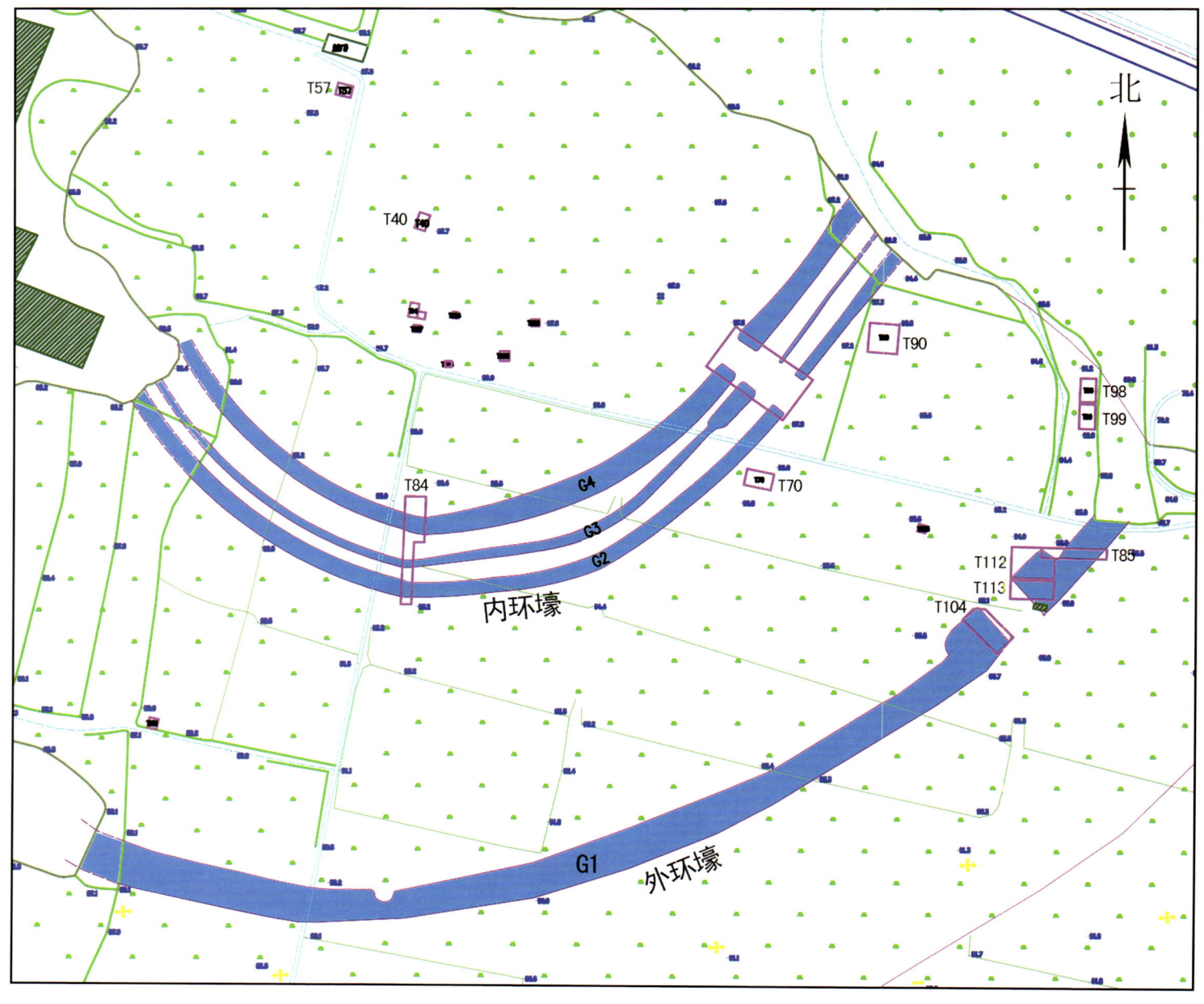

花地嘴遗址平面图

花地嘴遗址发掘祭祀坑

花地嘴遗址发掘房基

探得知，4条环壕与外界的连接通道均在东南部位，并且都处在同一条近西北至东南向的直线上。

在花地嘴遗址发现的祭祀坑主要为圆形、直壁、坑体呈袋状，明显比一般的灰坑要深。以H138为例，该祭祀坑现存口径为3.5米、底径4米，出土有大量的器物。H138西部和南部从距坑口1.5米处至近底部堆积有大量的完整陶器。在坑中部偏东的地方有一截面略近长方形的生土柱，土柱上有柱洞，土柱南端渐与坑底相连，土柱顶及坑底南、西部均有明显的踩踏面，土柱南端的坡面上也有几块非常明显的踩踏面。H138 坑底东高西低，多数地方有明显的活动面，在坑底南部的地面上有数个贝壳，西北部地面上有一块卜骨。此坑出土的陶器中，有的还装有农作物或家畜遗骸，从堆积现状看，这些陶器显然是有意埋藏的。

花地嘴遗址发现的房址多为地穴式，少数是在地穴式房基的基础之上填平后再建，另外还发现有连间的地穴式房址。房址的形状主要为圆形和长方形；有的房址地面中心立有柱子，

花地嘴遗址出土牙璋 　　　　花地嘴遗址出土玉铲 　　　　花地嘴遗址出土玉钺

花地嘴遗址出土朱绘陶瓮复原手绘图

花地嘴遗址出土陶鬶 　　　　　　　花地嘴遗址出土陶器盖

柱洞多用料礓石和黄泥垫底；灶多突出墙外；多数房址无明确门道，少数门道的方向为近西南。

灰坑的形制较多样，以圆形口、直壁、坑体略呈袋状者为主，也有的坑口呈长方形、圆角三角形等。

花地嘴遗址出土了陶、骨、石、玉、蚌器等遗物，完整器多出自祭祀坑内。陶器主要有深腹罐、高领罐、子母口式器、附加堆纹瓮、浅盘豆、高足或小足鼎、澄滤器、平底盆、钵、深腹碗、器盖、鬶、觚、杯、盉、甗、甑、斝、蛋形瓮等。石器中最常见的是梯形单孔刀、凿、镞、斧、钻、铲、网坠等，另外还发现不少制作精细的细石器。玉器种类包括钺、铲、璋、琮等。其中1件璋，通长30厘米，宽度不一，厚约1.01厘米；其首端凹弧，为全器最宽、最薄之处，有双面刃；下端有一孔，系单面钻，孔直径0.7—1.11厘米，两侧有基本对称的扉牙。

花地嘴遗址新砦期遗存的发现使学术界改变了嵩山、万安山以北不存在新砦期的看法，为新砦期文化研究提供了实物资料。该遗址的新砦期遗存中存在明显的关中、晋中南甚至东方龙山文化因素，这一重要的发现一方面有助于探讨二里头文化的起源问题，另一方面也有助于说明新砦二期早段肯定早于二里头文化一期。《史记·夏本纪》等文献中都有与"五子之歌"这一夏代早期历史事件有关的记载。有些观点认为位于洛汭地带的花地嘴遗址新砦期遗存与"五子之歌"事件存在联系，从发掘的重要遗迹、遗物及相关材料来看，这是很有可能的。

四、二里头文化

郑州地区是二里头文化的最早发现地。1953年,登封县玉村首次发现此类遗存。1956年,在洛达庙遗址发现具有代表性的器物群。随着偃师二里头遗址的发掘,这类遗存被命名为"二里头文化",相关年代、性质及其与夏文化的关系等问题被广泛讨论。

近年来,郑州地区相继发现了大师姑、望京楼、东赵、西史村等多处二里头文化遗址。郑州地区二里头文化的发现与研究,对于夏文化研究、夏商分界等关键问题,有着重要的学术意义。

二里头文化展厅

郑州地区二里头文化遗址分布图

东赵遗址

东赵遗址位于郑州市西郊的郑州高新技术产业开发区沟赵办事处东赵村南，遗址面积100余万平方米。2012年10月至今，北京大学考古文博学院与郑州市文物考古研究院联合对东赵遗址进行了持续性的考古勘探与发掘，发现了新砦期文化小城、二里头文化时期的中城和战国时期的大城。

新砦期文化小城城址平面基本为方形，长150米，面积约2.2万平方米。始建年代为新砦期，于二里头文化一期时废弃，是嵩山以北发现的第一座新砦期城址。丰富的遗存使新砦期的分期与文化面貌更加清晰，有望解决新砦期研究的关键难题。

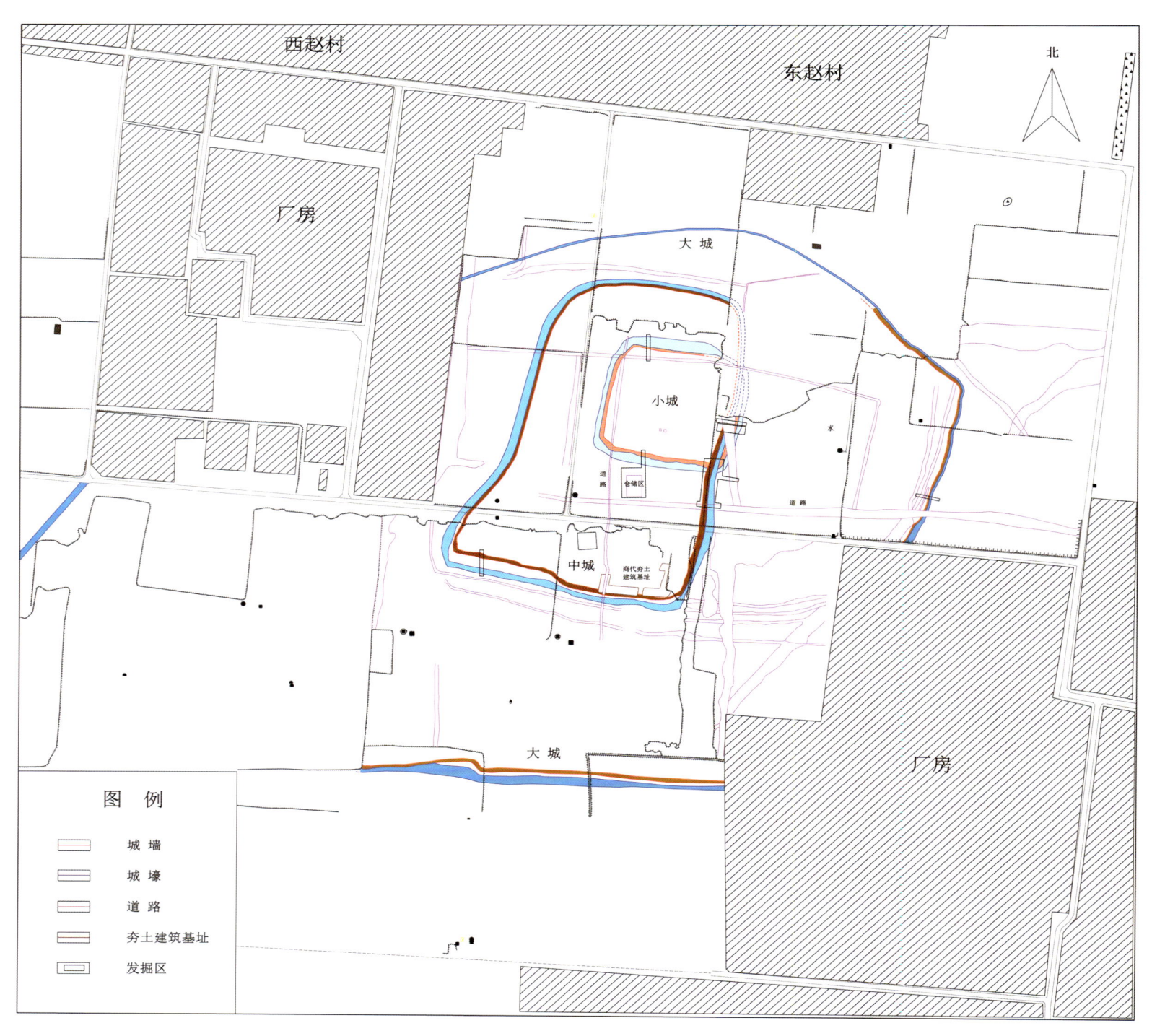

郑州东赵遗址平面图

东赵遗址发掘现场

东赵遗址圆形地穴式遗迹

东赵遗址小城北城墙、城壕剖面

东赵遗址卜骨埋藏坑

东赵遗址中城祭祀坑

二里头文化中城城址位于东赵遗址中部，始建于二里头文化二期，废弃于二里头文化四期，面积约7.2万平方米，是目前发现面积最大的二里头文化早期城址。城内发现有卜骨坑、祭祀坑等重要文化遗迹，出土了大批重要的文化遗物，对于夏文化的区域聚落形态及政治地理结构研究有重大的学术意义。

东赵遗址出土遗物以陶器为主，有相当数量的石器及少量骨蚌器。陶器以灰陶为主，有夹砂、泥质之分，

东赵遗址出土钻孔龟壳

东赵遗址出土二里头文化时期陶盉

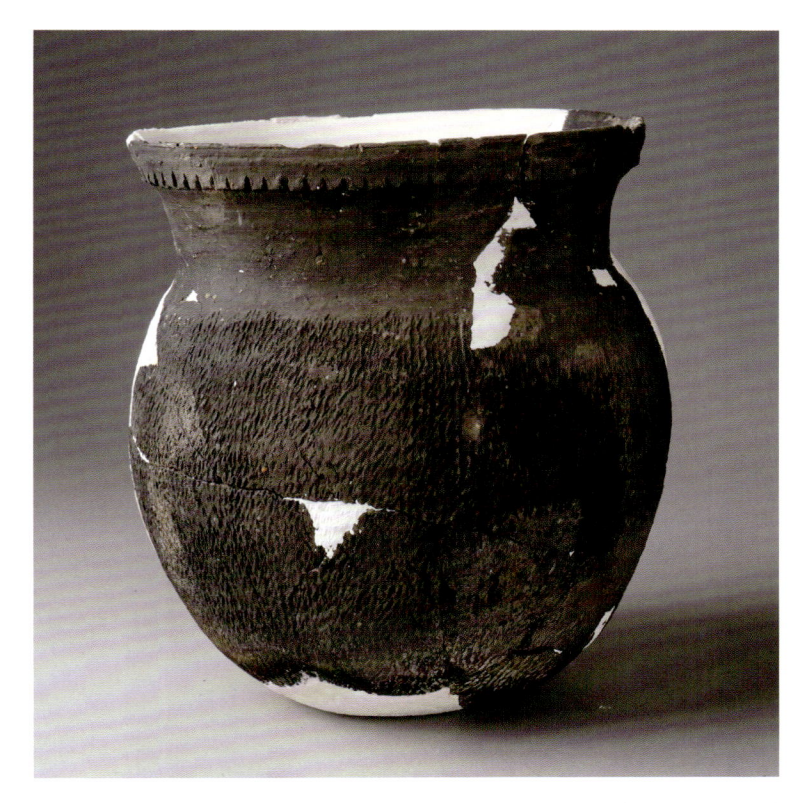

东赵遗址出土二里头文化时期陶花边口沿罐

东赵遗址中城南墙基槽内的孩童骨骸

器类多样，主要有深腹罐、花边罐、捏口罐、盆、甑、矮领瓮、小口高领罐、附加堆纹缸、觚、鬲、大口尊、豆、罍、碗等；石器以生产工具为主，主要有铲、斧、刀、镰等；骨器有骨匕、骨簪等；蚌器有刀、镰等。

东赵遗址的发现，给研究者提供了非常重要的历史信息。首先，东赵遗址涵盖龙山文化、新砦期、二里头文化、二里冈文化、西周、东周六个时期，延续时间长，年代序列相对完整，无论对夏商时期年代谱系的制立，抑或郑州西北的区域聚落研究，都可提供新的材料及视角。

其次，东赵遗址小城为郑州地区嵩山以北发现的第一座确认的新砦期城址，该类遗存的发现，对解决新砦期文化面貌、性质及归属问题有极大帮助。有学者认为，东赵小城与新砦遗址、花地嘴遗址及瓦店遗址为同一时期，彼此之间应联系密切，并且推测其是一处重要军事要地。

最后，东赵遗址中城是目前为数不多的二里头文化二期城址，仓储区、卜骨坑以及墙基奠基遗存较为少见，城外有数条同期环壕尤为特别。在中城南墙基槽内发现一孩童骨骸，似与祭祀活动相关，这类现象在同时期其他遗址中未见；另外，该遗址内发现多条二里头文化时期环壕，可对研究二里头文化时期偏早阶段聚落设防及规划等研究课题提供新的材料。

大师姑城址

大师姑城址位于荥阳市广武镇大师姑村和杨寨村南的索河二级台地上。2002年，郑州市文物考古研究所进行了发掘，发现了一座二里头文化城址。城址呈东西长、南北窄的横长方形，面积达51万平方米，发现有城墙、城壕和房基、墓葬、灰坑等文化遗迹；主要发现有深腹罐、圆腹罐、鼎、甑、盆、平底盆、刻槽盆、捏口罐、敛口罐、高领罐、大口尊、足、缸、瓮、器盖等陶器组合。

城址始建年代约为二里头文化三期，废弃于二里头文化四期偏晚和二里冈文化下层偏早阶段之间。大师姑城址的发现，为探讨夏商城址性质和夏商分界，研究二里头文化和夏文化等学术热点问题提供了很好的材料。

大师姑城址由城垣和城壕组成。城垣现存顶部距现地表距离不一，一般在1米左右。已发现的部分为南墙西段、南墙东段、西墙北段、北墙西段和东墙北段，其他地段未发现。现存墙体顶部宽约7米，底部宽约16米，残存高度为3.75米左右。从城墙堆积形态来看，有经过修补的痕迹。

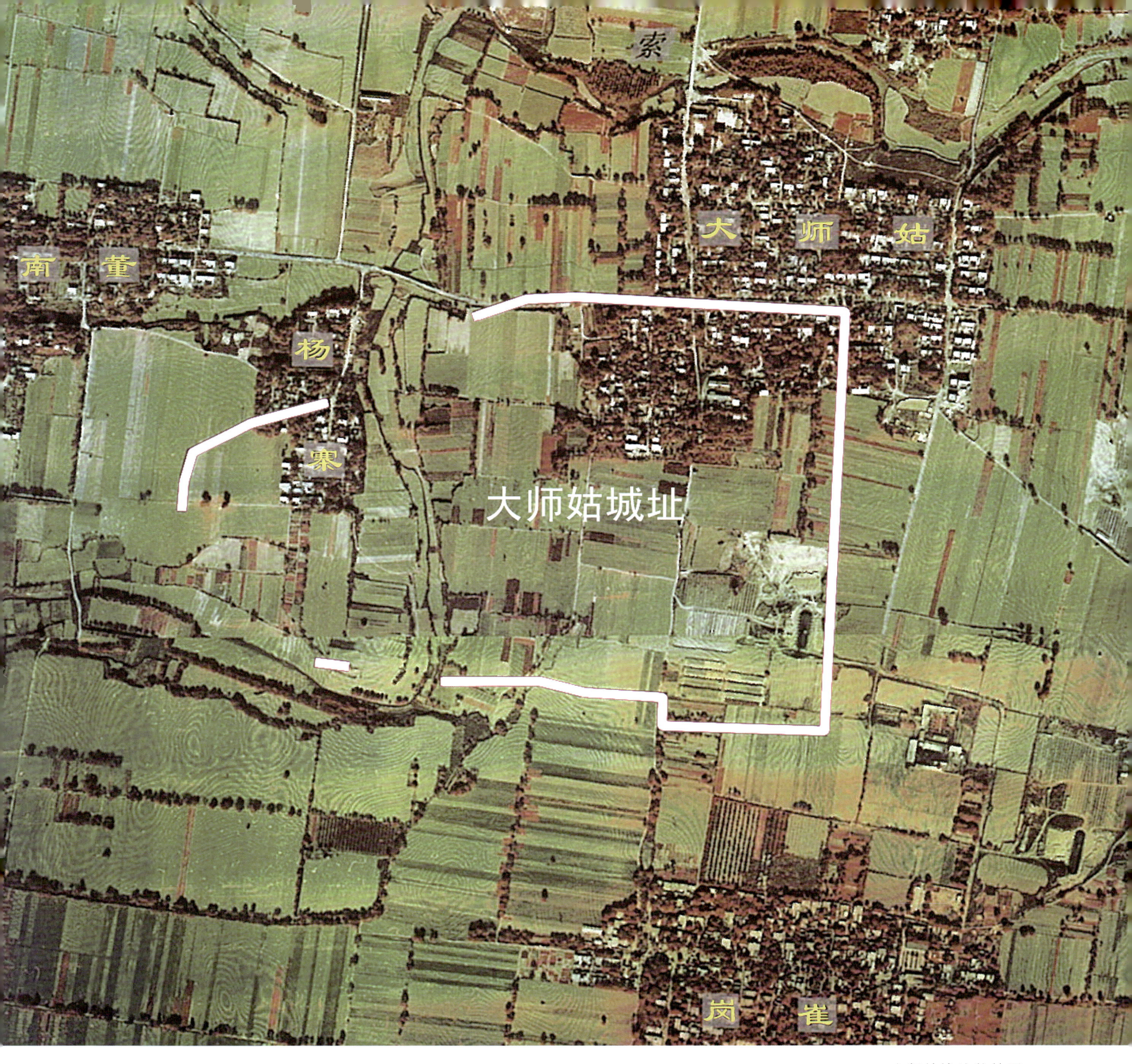

大师姑城址航拍图

城壕和已发现的城垣平行，除北壕西段（因索河河道间隔）和城址西南角暂未发现外，其余地段均已封闭。东壕长 620 米，北壕长 980 米，西壕已发现的长度为 80 米，复原长度为 300 米，南壕已发现的长度为 770 米，复原长度为 950 米，因此已发现的总周长为 2450 米，复原总周长为 2850 米。沟深约 3.65 米，断面呈倒梯形，斜直壁，平底。壕沟内侧因被商代壕沟打破，实际宽度已不明，现存宽度口部约为 5 米，底部为 3.25 米。

城址的方向除北壕西段呈东北—西南走向外，其余部分基本为近东西或近南北走向，其中东壕的方向为 8°，南壕的方向为 278°，整个城址呈东西长南北窄的长方形。

大师姑城址所发现的二里头文化遗存可分为前后相连的五段。第一段发现的遗物虽然相

大师姑城址城墙及城壕

大师姑城址城壕剖面

大师姑城址城墙夯土及城外护坡

对较少，但发现有地层堆积和较多遗迹单位，尤其是夯土城垣在此段始建，表明此段应是大师姑城址二里头文化的重要阶段。第二、三段的遗存最为丰富，遗迹众多，分布范围遍布整个城址，表明这两个阶段为大师姑城址二里头文化的繁盛期。第四段发现的遗迹较少，地层堆积主要集中在城址南部。第五段仅在城址个别地方发现有少量的遗迹单位，没有发现普遍堆积的地层，可能是因为发掘面积有限，也可能是由于近现代平地破坏所致。

由于缺乏直接打破城墙的遗迹单位，夯土城垣的废弃年代尚不清楚，大致推断大师姑城址的繁盛阶段是在第一至第三段，第四段的遗存有所减少，第五段可能仍在使用，也可能已经废弃。大师姑第五段约相当于二里头文化四期偏晚阶段。因此，大师姑城址的废弃年代大致在二里头文化四期和二里冈文化下层偏早阶段之间。

大师姑城址西距偃师二里头遗址约70千米，北依邙山，紧临黄河，依据其所处地理位置，有专家推测其为一座军事重镇或者夏代的一个方国。

大师姑城址是最早发现的年代和文化性质都十分明确的夏代城址，它的发现结束了我国夏代考古"夏代无城"的历史，填补了我国古代城址发展过程的阶段空白。古代城址作为当时政治、经济和文化的中心，集中承载着最为丰富的历史文化信息，因而具有极其珍贵的科学价值，大师姑城址的发现无疑具有十分重大的学术意义。

在大师姑遗址不仅发现了二里头文化城址，而且在二里头文化城址的外侧还发现有建于

大师姑遗址出土玉琮

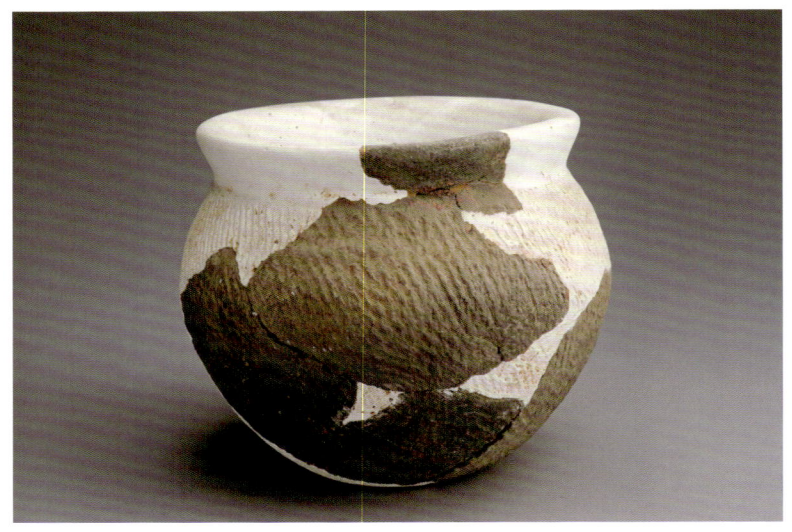

大师姑遗址出土圆腹罐

大师姑遗址出土小口瓮

大师姑遗址出土铜凿

大师姑遗址出土捏口罐

大师姑遗址出土器盖

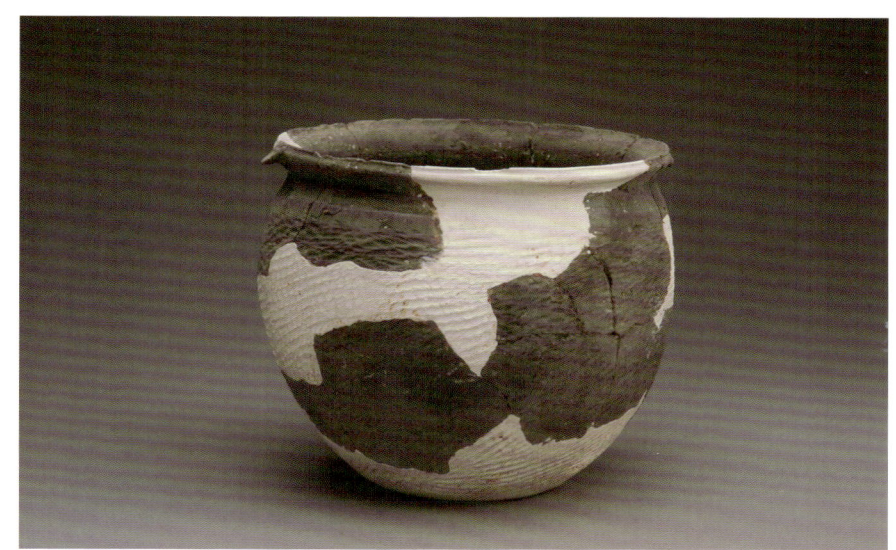

第二部分 郑州地区不同时期考古

大师姑遗址出土陶罐

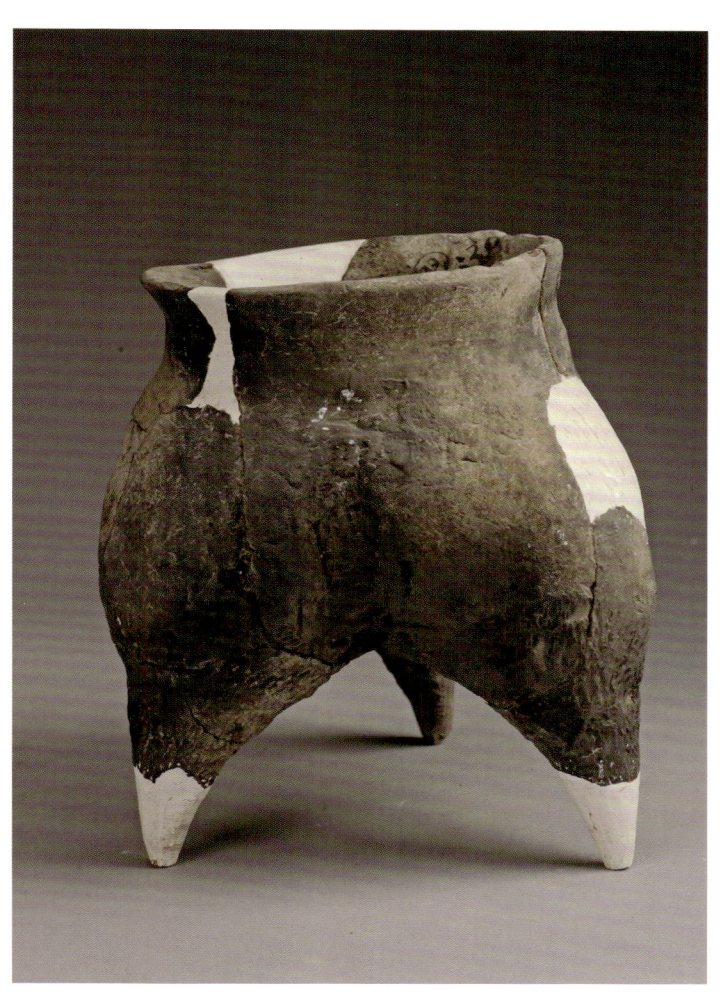

大师姑遗址出土陶鬲 　　　　　　　　　　　　大师姑遗址出土陶鼎

大师姑遗址出土刻槽盆 　　　　　　　　　　　　大师姑遗址出土陶水管

二里冈文化下层阶段即早商阶段的大型环壕，环壕内部早商遗存十分丰富，说明这里在早商时期仍是一处重要的聚落。在一个遗址内部同时发现夏、商两个时期的大型遗迹，这在目前发现的遗址中是不多见的。对大师姑遗址夏商文化遗存的发掘和研究，将会为进一步确定夏商文化的交替年代这一夏商考古学中的重大学术问题提供新的依据。

望京楼遗址

望京楼遗址位于新郑市新村镇望京楼水库东侧，发现于 20 世纪 60 年代。1965 年春及 1974 年冬因平整土地出土一批青铜器和玉器。1996 年、2006 年河南省文物考古研究所对其进行了发掘，确认了遗址时代为夏商时期。

2010 年—2012 年，郑州市文物考古研究院为配合郑新快速通道建设对望京楼遗址进行全面调查、勘探及抢救性发掘，发现了二里头文化和二里冈文化城址各 1 座。

望京楼遗址东一城门

望京楼遗址地处中原腹心地区，气候温和，四季分明，水源充足，土地肥沃，适宜生存；西有嵩山余脉具茨山，四周有溱水和洧水的支流，构成天然防御屏障，凭险易据。望京楼二里头文化时期先民对此地址的选择，与文献《管子·乘马》中记载的"凡立国都，非于大山之下，必于广川之上。高毋近旱而水用足"正相符合，也与历代都城选址原则一脉相承，后来的郑、韩国都建于此也与该区域优越的地理位置有极大的关系。

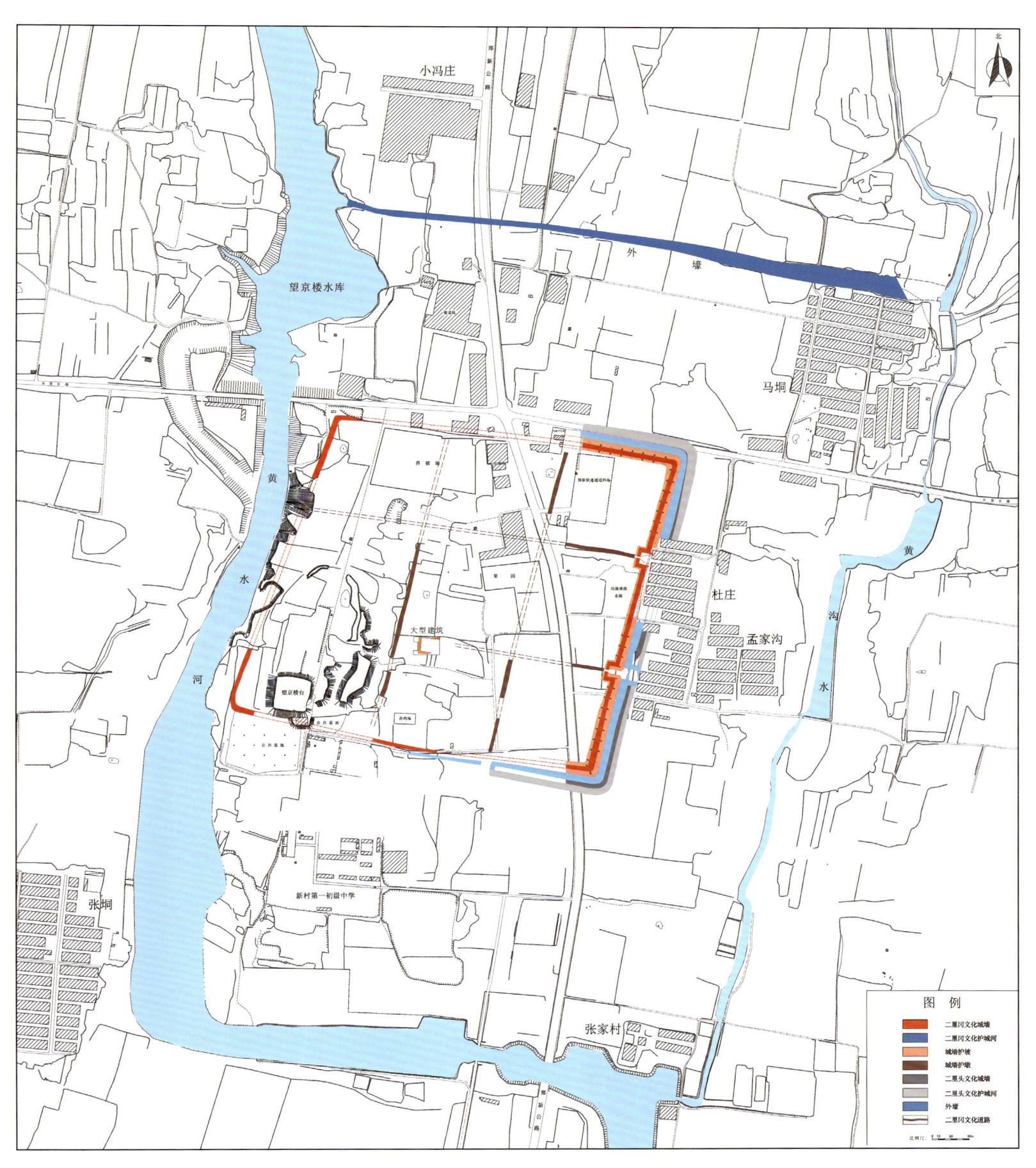

望京楼遗址平面图

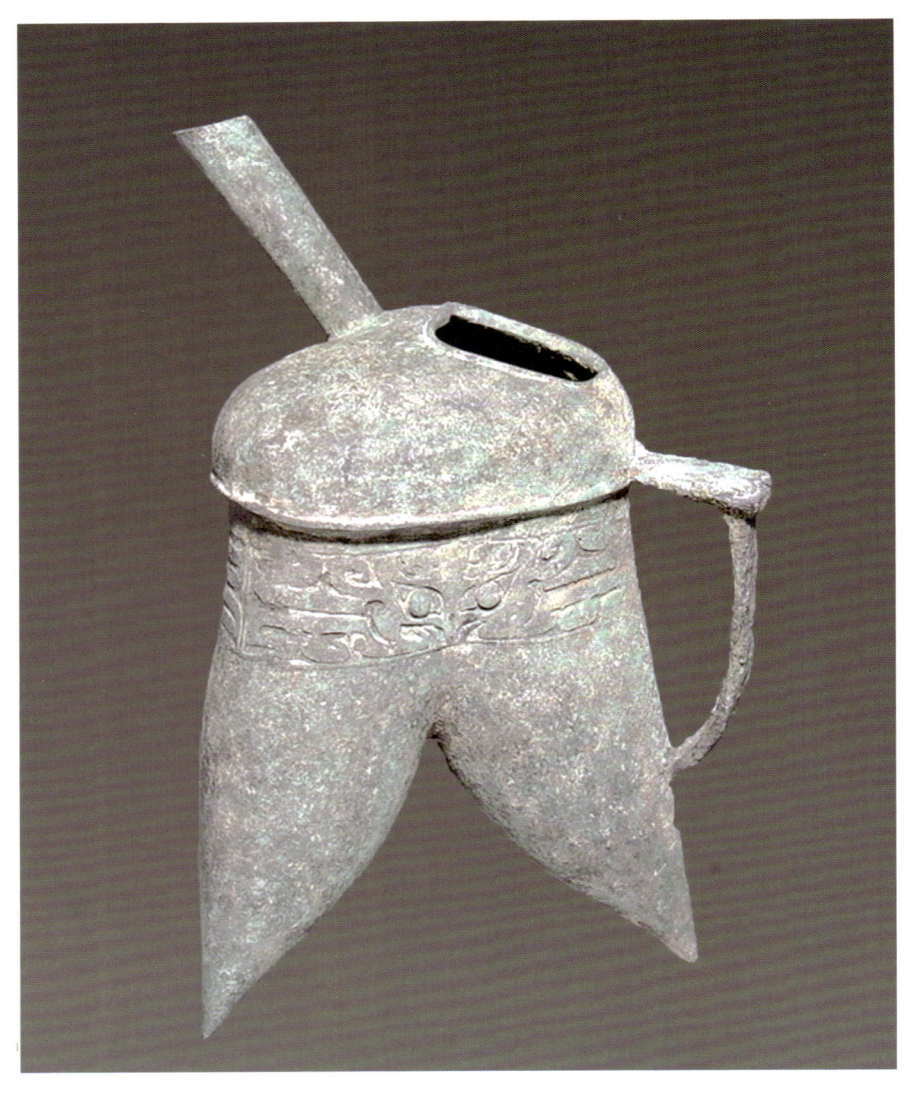

望京楼遗址出土铜盉

望京楼遗址出土玉琮

望京楼遗址出土铜钺

望京楼遗址出土铜罍

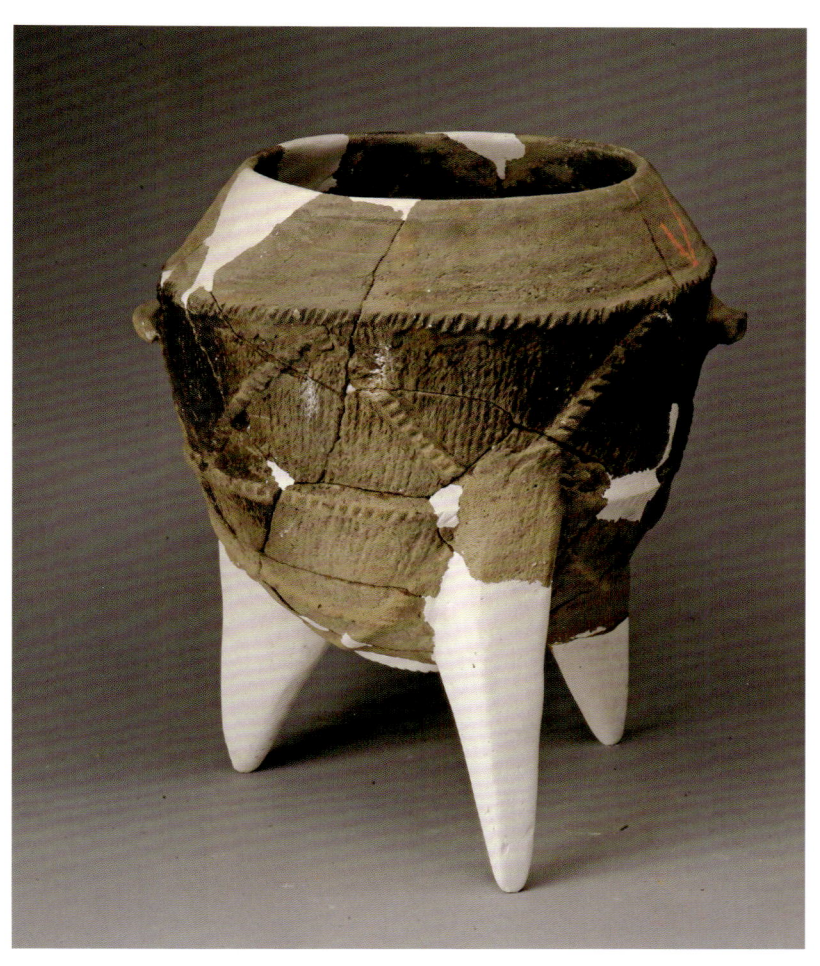

第二部分　郑州地区不同时期考古

望京楼遗址出土陶鼎 　　　　　　　　　　　　　　　　望京楼遗址出土陶鼎

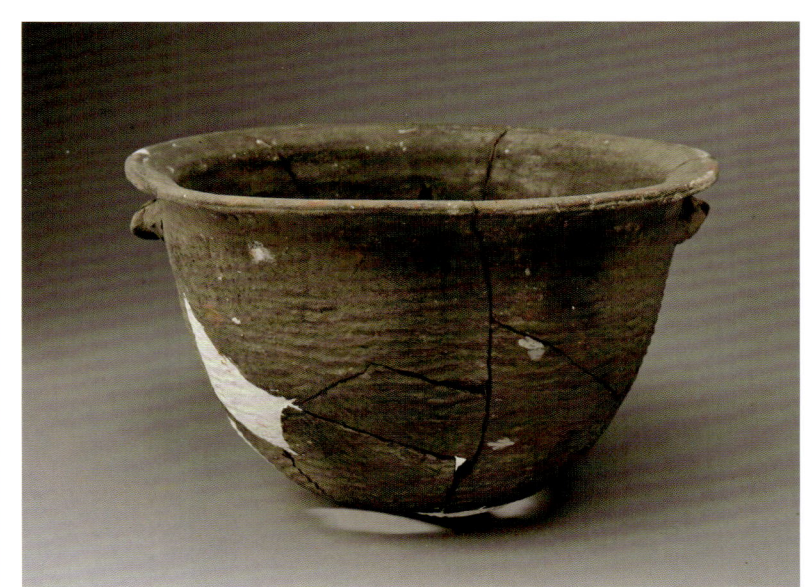

望京楼遗址出土陶甑

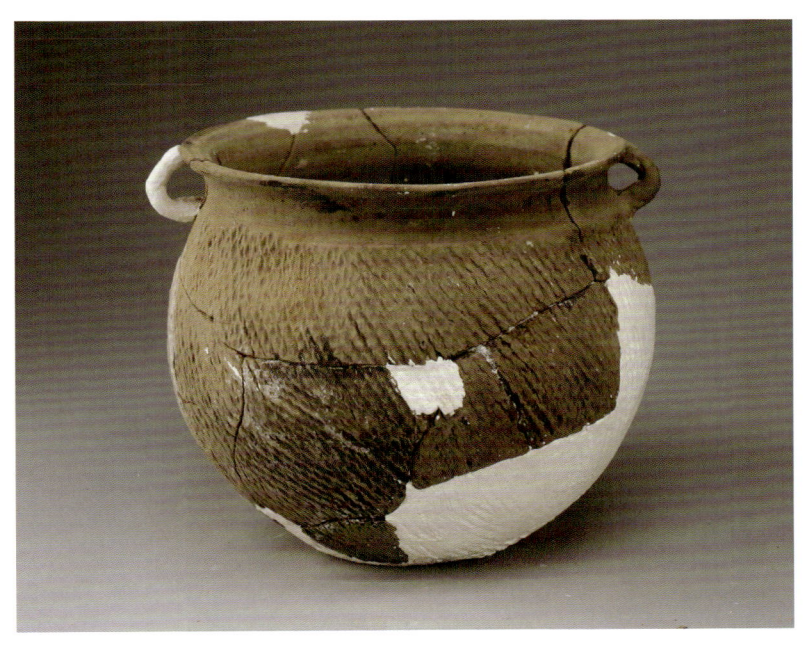

望京楼遗址出土陶豆　　　　　　　　　　　　　　　　望京楼遗址出土陶罐

望京楼遗址出土陶罐

　　二里头文化城址西南部的夯土台基极有可能是当时宫殿所在地，符合文献记载宫城"择高而居"的选址原则。望京楼二里头文化城址包含有宫殿区、内城及外城，已初步具备了"卫君"和"居民"的城郭制度。城中出土的高规格青铜器、玉器等重器，力证了望京楼二里头文化城址是具有重要政治和军事意义的古城。目前学术界对望京楼二里头文化城址的性质多推测是某一方国，主要有两种说法，昆吾说和葛国说。

　　二里冈文化城址保存较为完整，平面近方形，方向为北偏东15°，总面积约为37万平方米。城墙由主体墙及护坡组成，城墙外侧挖有护城河，护城河紧贴城墙。发现城门共3座，东城墙2座，南城墙1座。城内发现一处大型夯土基址、"井"字形道路及丰富的文化堆积。

　　望京楼二里冈文化城址基本叠压二里头文化城址，为二里头文化城的重建。这种叠压关系对于探讨二里头文化晚期与二里冈文化早期两种文化更替、夏商王朝更迭及相关问题具有重要学术意义。两城址的发现，为夏、商时期方国或军事重镇及先秦城址防御体系等方面的

望京楼遗址出土陶罐

望京楼遗址出土陶瓮

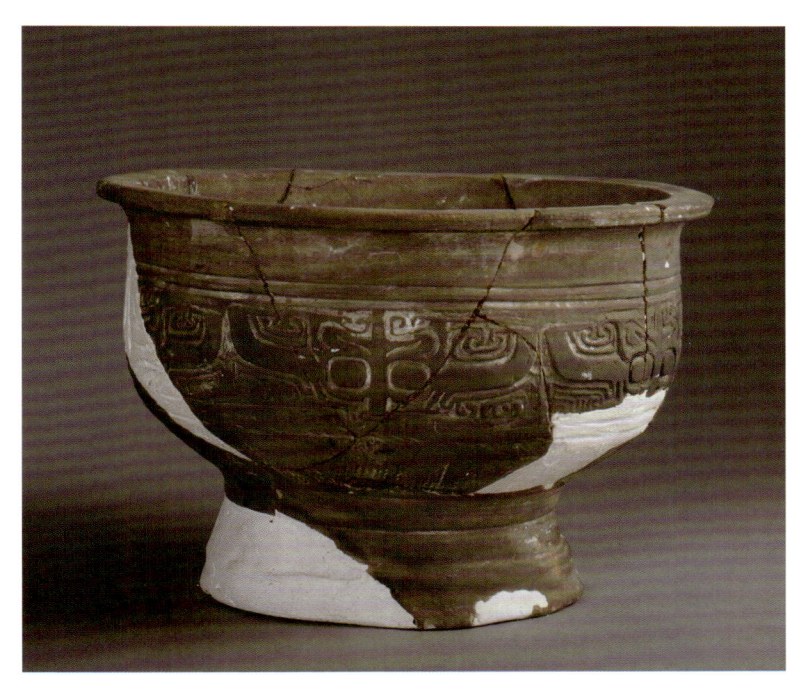

望京楼遗址出土陶簋

望京楼遗址出土原始瓷尊

研究增添了新的资料。

望京楼两座城址中的二里冈文化城址保存较好，对其进行的考古发掘工作也较为系统，尤其是对宫殿、城墙、城门等重要建筑遗迹的发掘，积累了全面翔实的科学资料，为我们研究夏商城址提供了新的标本。

洛达庙遗址

洛达庙遗址位于郑州市西部的洛达庙村东北，1954年由原郑州市文物工作组文物普查时发现。1956年—1958年，由河南省文化局文物工作队第一队进行了三次考古发掘，发现了二里头文化二期至四期的文化遗存。洛达庙遗址的发现，为郑州地区二里头文化研究揭开了序幕，为探讨夏文化提供了重要的考古学资料。

洛达庙遗址出土陶鼎

洛达庙遗址出土圆腹圆底罐　　　　　　　　　　洛达庙遗址出土大口尊

西史村遗址

位于荥阳市城关乡西史村南部，1974年经调查发现，1979年郑州市博物馆进行了试掘，发掘面积270平方米，发现有二里头文化、二里冈文化和殷墟三个时期的文化遗存。

2013年—2014年,郑州市文物考古研究院对遗址进行了调查勘探及考古发掘,清理了一大批重要的文化遗存,并发现了一座夏商时期的城垣,面积约11万平方米,外围发现有围合的环壕。

西史村遗址夏商城址的发现,为研究早期城址的建制、社会发展,探讨其与郑州商城之间的关系等提供了新的考古学材料。

西史村遗址西南城墙

西史村遗址西城墙

稍柴遗址

稍柴遗址出土陶片

稍柴遗址位于巩义市芝田镇西稍柴村南、小訾殿村东，坐落在坞罗河与伊洛河交汇的台地上。

1959年河南省文物工作队调查时发现，1960年、1963年河南省文物工作队等单位对其进行两次发掘，发现有夏商时期文化遗存。稍柴遗址一、二、三期相当于二里头文化一、二、三期，四期与二里冈上层文化相当。

与二里头遗址相比，稍柴遗址有自身的一些特点，其来源应该是河南龙山文化晚期的煤山类型。稍柴遗址一期的部分遗存可能为新砦期遗存，有学者认为彼时稍柴遗址可能为夏代初期的斟鄩。稍柴遗址的发现，为探索早期夏文化提供了重要的考古学资料。

稍柴遗址

稍柴遗址出土陶片

五、商王朝时期

郑州作为中华文明的核心区，商代文化遗存非常丰富。近 70 年来，对郑州商城所属的二里冈文化遗址群持续的考古发掘和研究，使我们对二里冈文化的面貌和分期有了充分的认识，对郑州商城的结构、年代、性质及变迁的研究和讨论也更加充分和深入。

伴随着二里头遗址、偃师商城遗址、小双桥遗址、洹北商城遗址被发现并研究，尤其是近年以来郑州大师姑、望京楼、东赵等多个夏商城址被发现并研究，我们对郑州商城的性质有了更为清楚的认识：可以确认郑州商城是商代前期最重要的都城。

商代中期以后，商王朝的都城虽从郑州迁至安阳，但郑州商城作为曾经的都城，仍然是郑州地区晚商时期文化的中心。周边区域发现的多个晚商时期的重要聚落，佐证了郑州商城在商代晚期的地位。

商王朝时期展厅

郑州商城

郑州商城从 1953 年发现至今，经历了 70 多年的考古发掘和研究，积累了非常丰富的考古资料。经过数年的考古工作，发掘者确认：郑州商城平面为长方形，城墙周长 6960 米，有 11 个缺口，其中有的可能是城门；城内东北部有宫殿区，发现宫殿基址多处，其中心有用石板砌筑的人工蓄水设施；城中还有小型房址和水井遗址；城外有居民区、墓地、铸铜遗址及制陶制骨作坊遗址等；内城和外城都有城墙及城壕。

郑州商城的年代和性质问题是夏商考古研究中的一个关键热点。通过对遗址若干重要遗存的年代和变迁情况的梳理和分析，基本可得郑州商城从商王朝初期的区域中心聚落到准都城、都城，再到晚期的区域中心聚落的变迁过程。

宫殿区位于郑州商城内城的东北部一带，约占郑州商城 1/6 的范围。平面略呈东西长方形，东西长约 800 米，南北宽约 500 米，面积总计约 40 万平方米。

宫殿区内有各类高低不平的夯土台基遗存，东北隅先后共发现了 20 多处商代夯土建筑基址，其中面积较大者达 2000 多平方米。商城宫殿区的夯土基面上还保存有柱洞、柱基槽和石柱础等。宫殿区西部和北部发现两段宫城城墙夯土墙基，宫城墙外侧发现的石筑水管道、石筑水槽和深壕沟遗迹共同构成了宫城的防御设施。

郑州商城外城墙位于南城墙与西城墙外侧 600—1100 米处，其筑法、夯土层结构、夯杵窝印痕形状及时代均和内城夯土城垣相同。

多次发掘结果已基本确定各段商城外郭城墙墙基走向：由郑州商城东南角外 700 多米处的凤凰台村一带起向西南延伸，经二里岗与商城南墙外的南关外，围绕郑州商城西南角外约 600 米的布厂街，又折向西北，沿郑州商城西城墙南段外侧略向西北方向延伸。

青铜器作坊共发现两处，一处位于商城的南城墙中部之外（南）约 700 米处，发掘者将其定名为"郑州南关外商代铸铜作坊遗址"；另一处位于郑州商城的北城墙中部之外（北）约 200 米处，发掘者将其命名为"紫荆山北商代铸铜遗址"。

陶器手工业作坊遗址位于郑州商城西城墙北段外侧约 700 米处（今郑州市铭功路北段西侧的郑州市第十四中学院内），南北长 800 米，东西宽 150 米，分布面积约 12 万平方米，其北约 100 米为横贯市区的金水河。

骨器是这一时期人们日常生活使用数量较多的一类器物，制骨的原料除牛、猪、羊、鹿

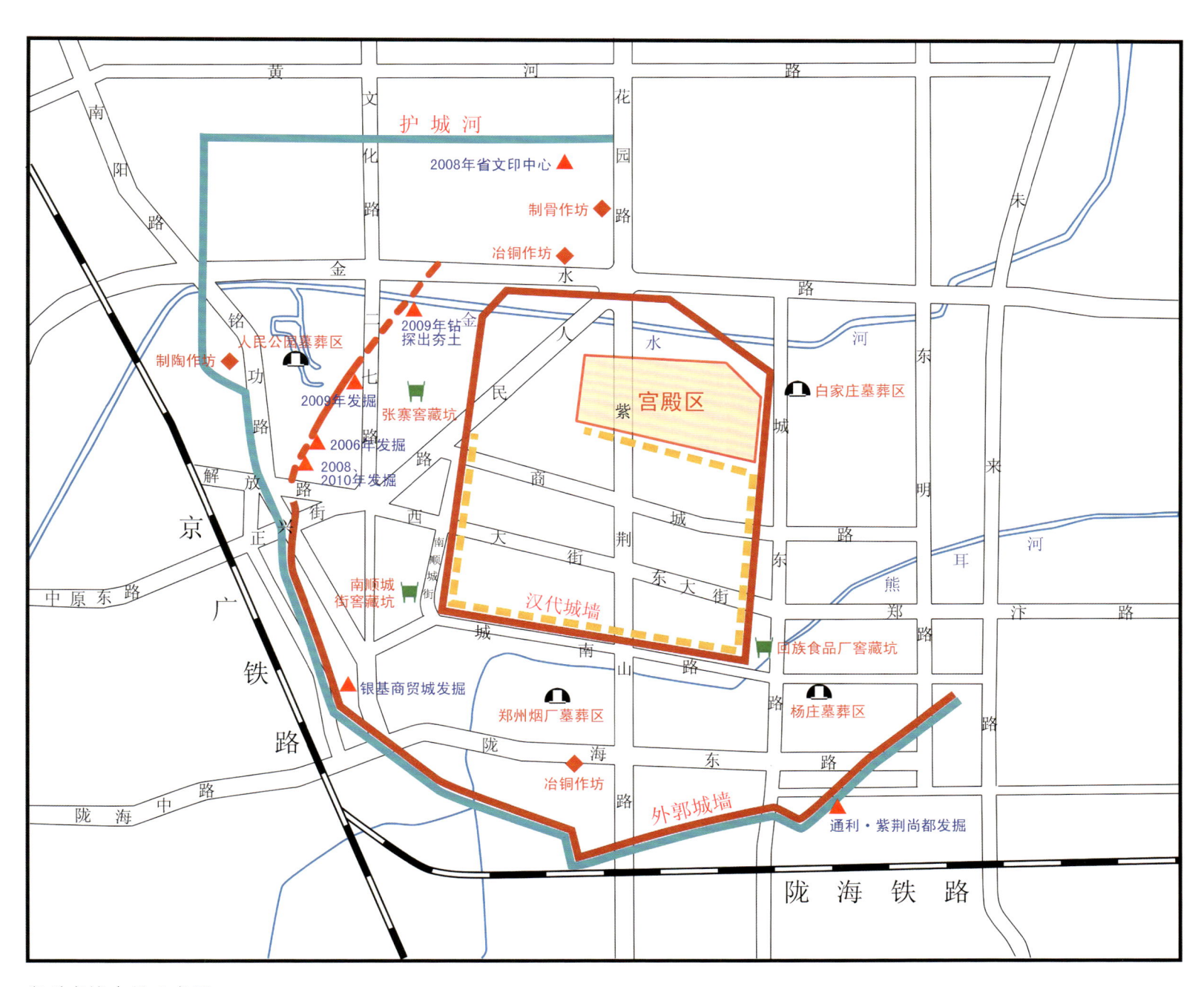

郑州商城布局示意图

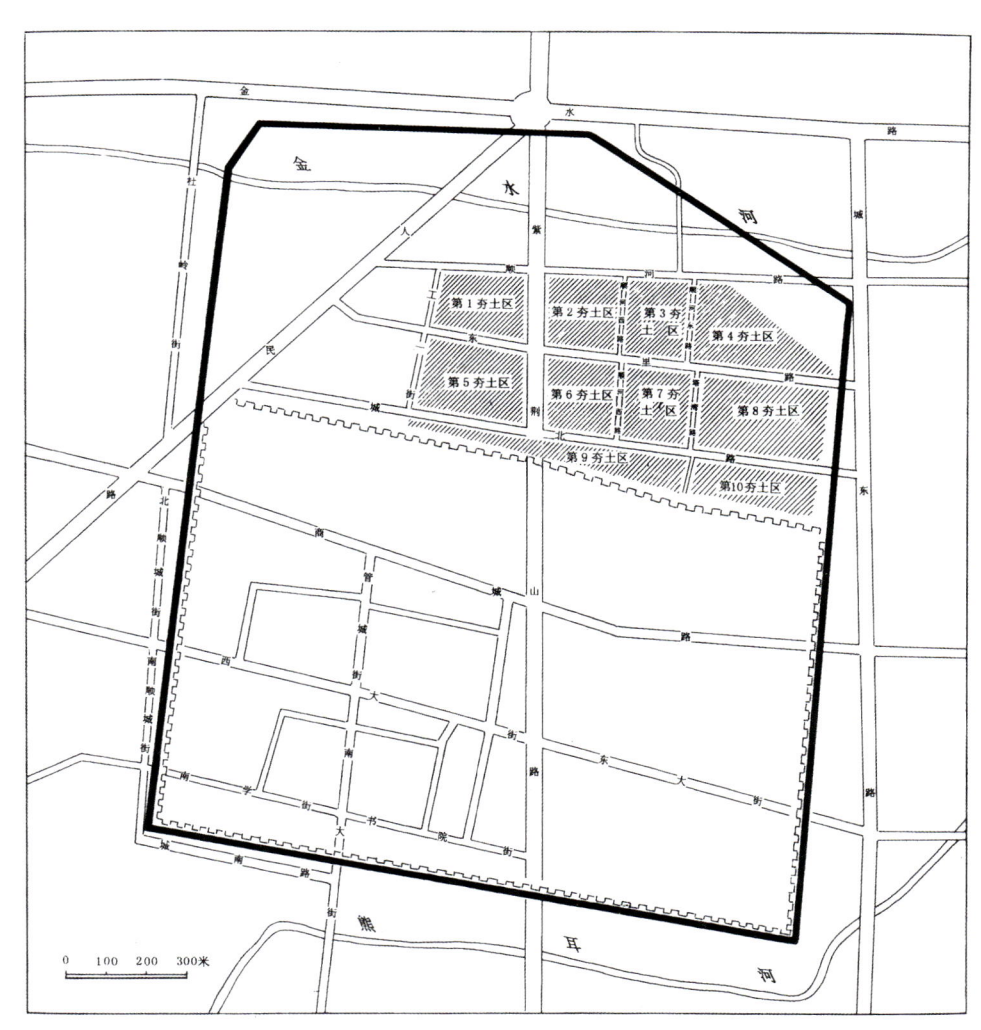

郑州商城宫殿区布局

郑州商城宫殿区发掘现场

郑州商城宫殿区内商代二里冈
文化上层一期石砌输水管道

的肢骨、肋骨、肩胛骨和牛、羊、鹿的角外，还有人的肢骨与头骨。骨器手工业作坊遗址发现2处。一处是紫荆山北的制作骨器作坊遗址（简称"紫荆山北商代制骨遗址"），以生产人们日常生活中使用的骨簪、骨镞、骨匕和骨针等为主；另一处是商城内以锯制人头骨作器皿为主的制骨场地遗址。除了骨器还出土许多用牛、羊的肩胛骨灼制或钻后再灼制的卜甲。

在郑州商城城垣内外发现掷埋有一些零散的人骨架与猪、狗、牛等兽骨架的现象。在部分掷埋有人骨架与兽骨架的所谓灰坑附近，还发掘出一些仅能容下人身而无任何随葬器物的"小墓"。发掘者认为这些掷埋有人骨架或兽骨架、人骨架与兽骨架共存的灰坑应与一般的灰坑不同，其用途应是祭祀。

1974年9月至1996年2月，在郑州商城东西城墙外侧，即张寨南街、向阳回族食品厂、南顺城街等处，先后发现3个青铜器窖藏坑，发掘出土了一大批商代前期的青铜礼器，数量较多，种类齐全，是郑州商城考古中出土青铜礼器较集中的3处遗迹。这不仅为研究商前期青铜铸造业的发展水平提供了实物资料，对探讨商前期的青铜器分期也具有重要的参考价值。

"夏商周断代工程"研究成果表明，郑州商城是商王朝的前期都邑所在地，即成汤建商的"亳都"，是中华民族早期文明时期的统治中心，在中国古代文明史中占有重要历史地位。作为早商时期历史研究的主要对象，郑州商城为中华民族早期历史的研究，特别是为"夏商周断代工程"的研究提供了大量考古依据，对商代前期的年代学研究，对商代早中期的历史事件、社会经济发展和城市建设研究具有重要意义。

郑州商城遗址占地约25平方千米，城市始建距今约3600年，是存在于地面的中国最早的人工建筑遗存之一，是中国迄今为止文明早期规模最大、最重要的古城遗址之一，也是类型最为完整的古文化遗址之一。郑州商城涵盖了城市构成，特别是都城构成的各种要素——城垣、宫殿区、居住聚落、墓葬区、手工业作坊、宗教活动遗址等。

郑州商城呈内外两道城垣和宫城城垣形成的三重城垣结构，其中作为基本格局骨架的内城近似长方形。郑州商城遗址的各项功能构成所显示出的完整古代都城形制，特别是内外城池和宫殿区布局的整体形制气势宏大，开辟了王都营建模式的先河，确立了郑州商城在中国古代城市发展史中不可替代的重要历史地位，展现了早期华夏文明在城市建设方面巨大的成就，奠定了中国城市发展的基础，成为中国古代城市遗址的重要范例，也成为世界早期文明阶段最为重要的城市之一。

郑州商城遗址出土了大量的遗迹、遗物，完整地反映了早商文明的完整形态。其中的冶铜、

南顺城街窖藏坑出土杜岭一号铜鼎

制陶、制骨作坊遗址，城市建筑基址，城市基础设施遗存，习刻甲骨，原始瓷器，尤其是大量的王室青铜重器，集中展示了早商文明的发展高度，代表了中国早期文明在这一阶段的最高发展水平，在世界文明史上也独树一帜，占有不可或缺的地位。

郑州商城所展现的商文化成就显示出华夏文明已经走向成熟并进入相对稳定的阶段，华夏文明的形态已经逐步清晰。商文明奠定了这一位于东方的文明体系在以后的发展基础。在商以后的文明发展过程中，商文化的痕迹已经难以磨灭，强烈的文化传承关系已体现出来。

南顺城街窖藏坑出土青铜器

南顺城街窖藏坑

郑州向阳回族食品厂窖藏坑

郑州向阳回族食品厂窖藏坑出土铜方鼎

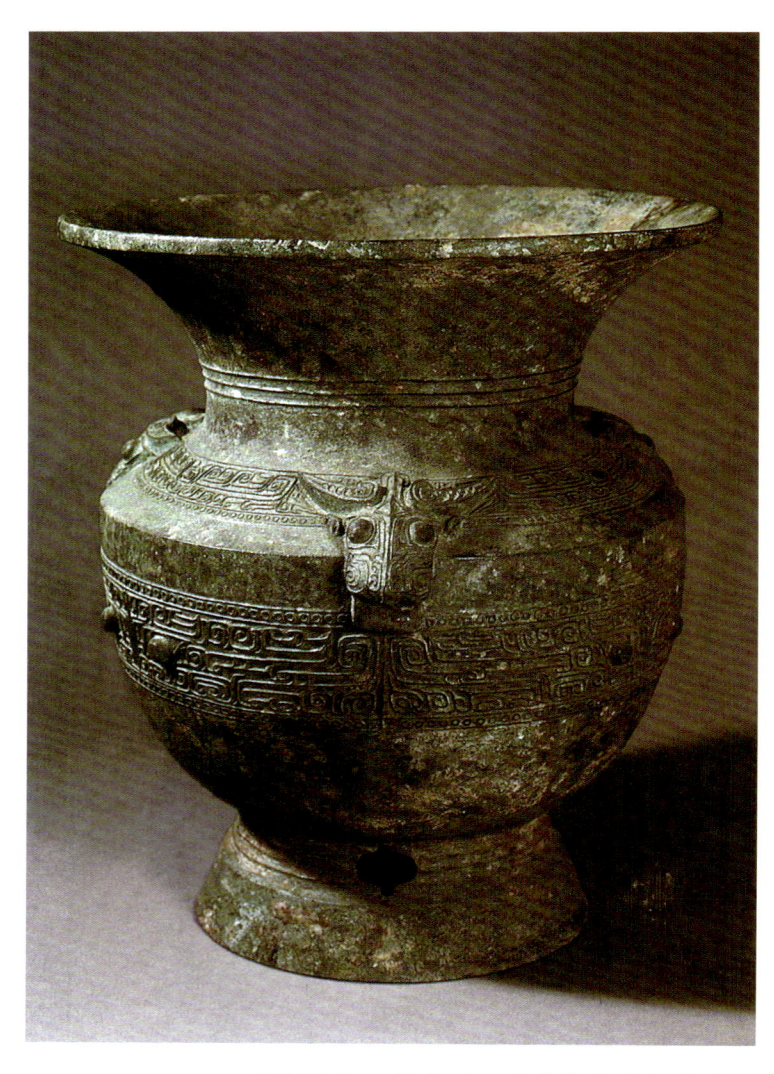

郑州向阳回族食品厂窖藏坑出土铜羊首罍

张寨南街窖藏坑出土铜鬲

郑州商城出土牛首饕餮纹尊

郑州商城出土青釉瓷尊

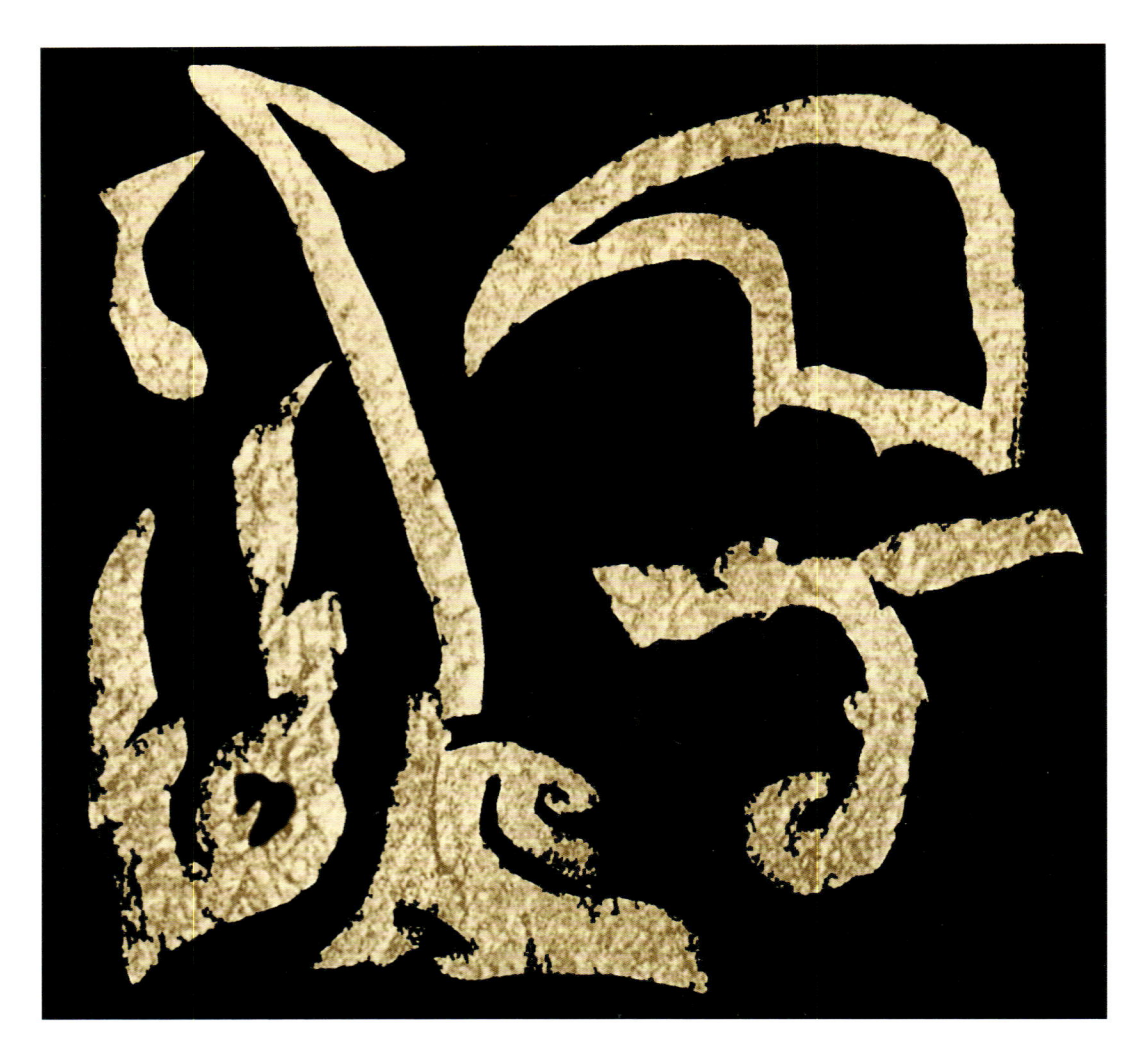

郑州商城出土黄金面具

郑州商城出土战国时期的"亳"字陶文拓片

郑州商城外郭城南城墙处出土朱书

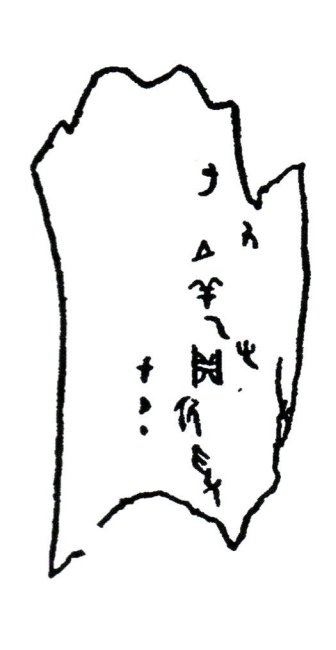

郑州二里岗出土肋骨刻辞

第二部分 郑州地区不同时期考古

苍龙赋能玄鸟神祖场景图像

玄鸟神祖即帝喾（俊）

姜嫄　简狄　建疵　庆都

日本泉屋博古馆商代铜鼓

141

河南省体育场商代祭祀遗址

河南省体育场商代祭祀遗址位于郑州市金水区优胜北路与文化路交叉口西南角。

2015年10月—12月，考古人员对其进行了考古发掘工作，发掘面积共计4000平方米，清理出环壕、夯土墙、建筑基址、祭祀场、祭祀坑、灰坑、墓葬等重要遗迹，出土了铜器、玉器、石器、陶器、骨器等重要遗物。遗址年代为二里冈下层至白家庄期。

河南省体育场商代祭祀遗址发掘现场航拍图

祭祀场面积巨大，近似圆形，分布面积约 200 平方米。陶片层层叠叠，堆积密集。在陶片堆之上发现有人骨和兽骨，在陶片堆的四周有大量祭祀坑环绕，在祭祀坑内多发现有野猪、羊等牺牲及婴孩骨架。

这一祭祀遗址是多年来郑州商城考古最重要的发现之一，为我们研究商代的祭祀仪式、丧葬风俗提供了非常重要的新资料。

河南省体育场商代祭祀遗址出土陶杯

河南省体育场商代祭祀遗址出土陶鬲

河南省体育场商代祭祀遗址祭祀坑

河南省体育场商代祭祀遗址祭祀坑

河南省体育场商代祭祀遗址墓葬 M9

小双桥遗址

小双桥遗址位于郑州市西北部，发现于1989年。

小双桥遗址的发掘历程共分四个阶段：

第一阶段，发现与试掘。20世纪80年代中期，郑州市博物馆在郑州市西北郊进行文物普查，曾在小双桥遗址中心区周勃墓封土顶部及周围发现商代遗物；1985年夏，古荥镇师家河村村民在小双桥村西南发现一件青铜建筑饰件，随即上交河南省博物馆；1989年冬，第二件青铜建筑饰件被发现。

1990年春，河南省文物研究所组织力量对该区域进行了调查与试掘，认定郑州小双桥遗址为一处商代中期前后的重要遗址。

第二阶段，1995年—2000年。为配合"夏商周断代工程"的开展与结题，河南省文物考古研究所分别联合郑州大学文博学院、河南大学历史文化学院、南开大学历史系、郑州市

小双桥遗址大型夯土建筑基址发掘航拍图

文物考古研究所等单位，多次对该遗址进行了规模不等的考古发掘，发现夯土墙、大型夯土建筑基址、祭祀场、朱书陶文等重要遗存，取得了重大收获。

第三阶段，2002年—2009年。郑州市文物考古研究所（院）配合基本建设继续进行发掘。

第四阶段，2014年—2021年。为搞清遗址的布局及各区域的文化特征等，河南省文物考古研究院联合北京大学考古文博学院、郑州市文物考古研究院在遗址多个地点进行了连续的发掘，基本摸清了遗址的分布范围、各区域的特征，并发现了遗址中的空白地带、商代高台夯土建筑、大型水井及小型水井群等。其中2014年—2018年的发掘区位于遗址的中心区域外围，2019年—2021年的发掘区主要集中在中心区域偏东部的周勃墓夯土台基上。

历年来的考古工作表明，小双桥遗址处于邙山以南的平原地带，坐落在索须河转弯处东南侧的河旁台地之上，主要分布于小双桥、岳岗、葛寨、于庄、前庄王、后庄王等几个自然村之间，面积达400万平方米。该遗址是目前发现的商代超大型聚落之一，具有王都遗址的规模。

小双桥遗址的商代文化遗迹数量丰富，种类齐全，排列布局有一定规律可循。从对中心区的发掘情况看，文化遗迹可分为宫城墙、宫殿（或宗庙）建筑遗迹，祭祀场、祭祀坑群，灰坑（或窖穴），灰沟，墓葬，水井及与冶铸青铜器有关的遗存，等等。遗址北部偏东为宫殿区和宗庙祭祀区，该区域商代遗存最为丰富，该区域内发现的大型高台夯土多层建筑遗存令人瞩目。遗址的出土遗物除陶器外，还有青铜器、原始青瓷、石器、骨器、蚌器、牙器、玉器、金箔等。器物类型和数量均十分丰富，除日常生活用具外，还有一定数量的石质礼乐器、陶质礼器和大型青铜建筑饰件，其内涵符合王都的规格。

大量祭祀遗存的发现，是古代"国之大事，在祀与戎"的写照。在小双桥遗址的中心区域，发现大量的祭祀遗迹。这些祭祀遗迹既有祭祀后的瘗埋，也有燎祭的痕迹。如Ⅳ区的祭祀场，多牲坑，牛头、牛角坑；Ⅴ区的人牲丛葬坑、人祭坑、牛头坑、器物坑；Ⅷ区的骨肉器物坑、人牲丛葬坑、燎祭遗迹；Ⅸ区的大型人牲祭祀坑；等等。在中心区域外围，也发现有与祭祀有关的遗存。这些遗存反映了商代中期早段贵族阶层精神生活的一个侧面，也反映了祭祀在商代国家中的重要地位。

遗址出土的朱书文字及刻画陶文，是商代考古的一项重大发现。在小双桥遗址中心区域的祭祀遗存周围，发现了20余个用朱砂书写的文字；在遗址中心区域外围，发现数个"天"（或"舌"）字陶文。如果以河南安阳殷墟发现的商代后期甲骨文作为目前能够确认的中国

小双桥遗址宫殿建筑基址柱洞

小双桥遗址牛头祭祀坑

小双桥遗址出土青铜建筑饰件及其上表示"雷泽生商"场景的纹饰

最早的汉字，那么小双桥朱书文字和陶文的发现，至少将汉字使用的历史向前推了100年，即从商代后期提早到商代中期早段。"天"字朱书文字和陶文的出现，印证"天"族的历史至少可追溯至商代白家庄期。

根据文献记载，中丁自亳迁隞的历史是十分清楚的。但关于隞都的地望，历史上有不同的说法，学者多主张"河南敖仓说"，即在今河南省郑州市西北的邙山地区。邙山即古之敖山，小双桥遗址的地理位置正处在敖地范围之内。

小双桥遗址是目前所发现的处于郑州商城和安阳洹北商城之间的唯一一个白家庄期、具有都邑规模和性质的遗址，对于探寻商代中丁隞都及郑州商城的性质等重要学术问题具有重要意义。

小双桥遗址出土方孔石器

小双桥遗址出土朱书文字

小双桥遗址朱书文字与甲骨文、金文对照表

	二	三	寻	匕	自	阜	陶
甲骨文							
金文							
朱书	1	2	3	4			5

	旬	东	夭	走	天	尹	父
甲骨文							
金文							
朱书	6	7	8	9	10		

梁湖遗址

梁湖遗址位于郑州经济技术开发区第八大街以东，南三环以北。

2009年、2010年两次发掘，发掘面积11600平方米，主要发现有商代二里冈期环壕聚落和白家庄期祭祀遗存及殷墟三、四期大型建筑基址。

文化遗存以商代为主，年代跨度大，对郑州商城的环境、文化变迁及性质等相关问题的研究有非常重要的价值。

梁湖遗址发掘现场

梁湖遗址祭祀坑

第二部分　郑州地区不同时期考古

骨镞　　　　　　　　　骨铲

骨簪　　　　　　　　　骨匕

梁湖遗址出土骨器

梁湖遗址出土陶鬲　　　梁湖遗址出土石戈

关帝庙遗址

关帝庙遗址位于荥阳市豫龙镇关帝庙村西南部。

2006年—2008年,河南省文物考古研究所发掘。发掘面积20300平方米,发现了丰富的以殷墟二期为主的商代晚期文化遗存。

发掘所见居址区、墓葬区、祭祀区、手工业作坊区布局清晰,明显经过一定的规划。保存完整的商代晚期聚落及大规模丰富的文化遗存的发现,在商代考古发掘中尚属首次,对探讨该时期的聚落结构、社会形态等具有重要价值。

关帝庙遗址发掘现场航拍图

第二部分 郑州地区不同时期考古

关帝庙遗址出土陶钵及其刻画陶文

关帝庙遗址陶窑

关帝庙遗址房址

高庄遗址

高庄遗址位于郑州市中原区须水街道高庄村南。2016年发掘，为一处商代晚期聚落遗址。墓葬内所见的"舌"族铭文青铜器，在2006年发掘的荥阳小胡村晚商贵族墓地中曾有较多出土，这为进一步了解晚商时期郑州西北郊地区的族属问题提供了重要资料。

聚落可以大致分为东、西两区。西区房址均为双室连间房，窖穴极少，且无打破关系；东区存在单室房址和大量灰坑，并且间有墓葬和窑址，存在房址被灰坑打破的情况。折沿鬲、侈口方唇簋及折沿盆为最常见的器物组合，时代上与殷墟三期相当。

高庄遗址房址

高庄遗址窖藏坑

高庄遗址出土铜卣盖及其铭文

高庄遗址发掘现场航拍图

高庄遗址出土陶鬲 　　　　　　　　　高庄遗址出土陶簋

黄河路 109 号院晚商时期墓地

黄河路 109 号院晚商时期墓地位于郑州市黄河路与花园路交叉口西南角。2012 年年底发掘，为一处族墓地，共发现晚商时期墓葬 43 座。部分墓葬带有腰坑和殉狗，随葬品以陶器为主，器型有鬲、簋、豆、罐等，还发现有少量青铜器和玉器。根据陶器形制特征将这些晚商文化墓葬分为两期，大体相当于殷墟二、三期。

黄河路 109 号院晚商时期墓地

黄河路109号院晚商时期墓地中墓葬M24

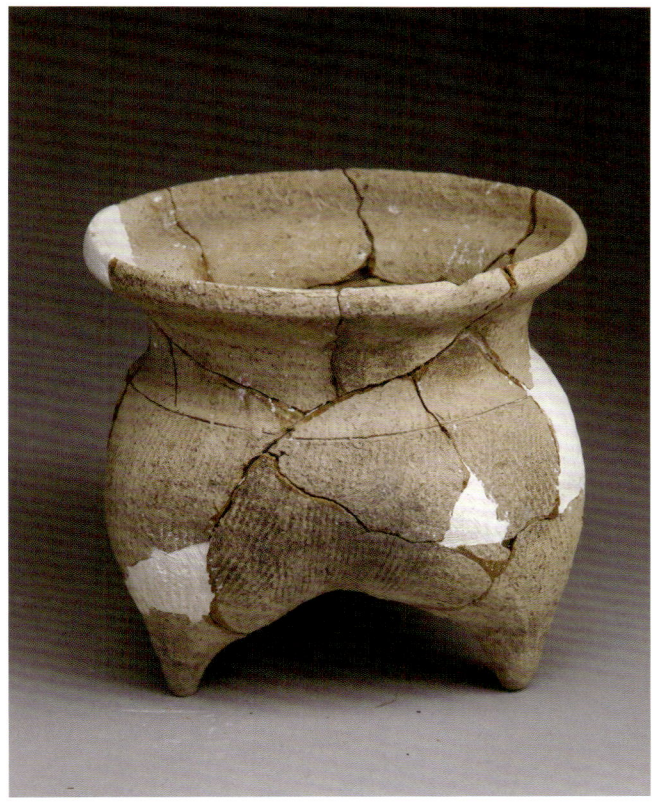

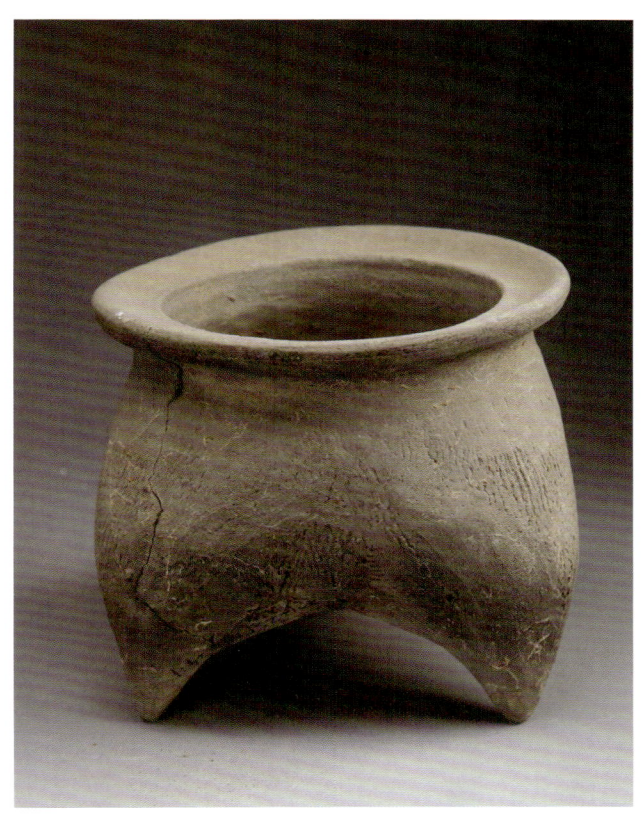

黄河路109号院晚商时期墓地出土陶鬲

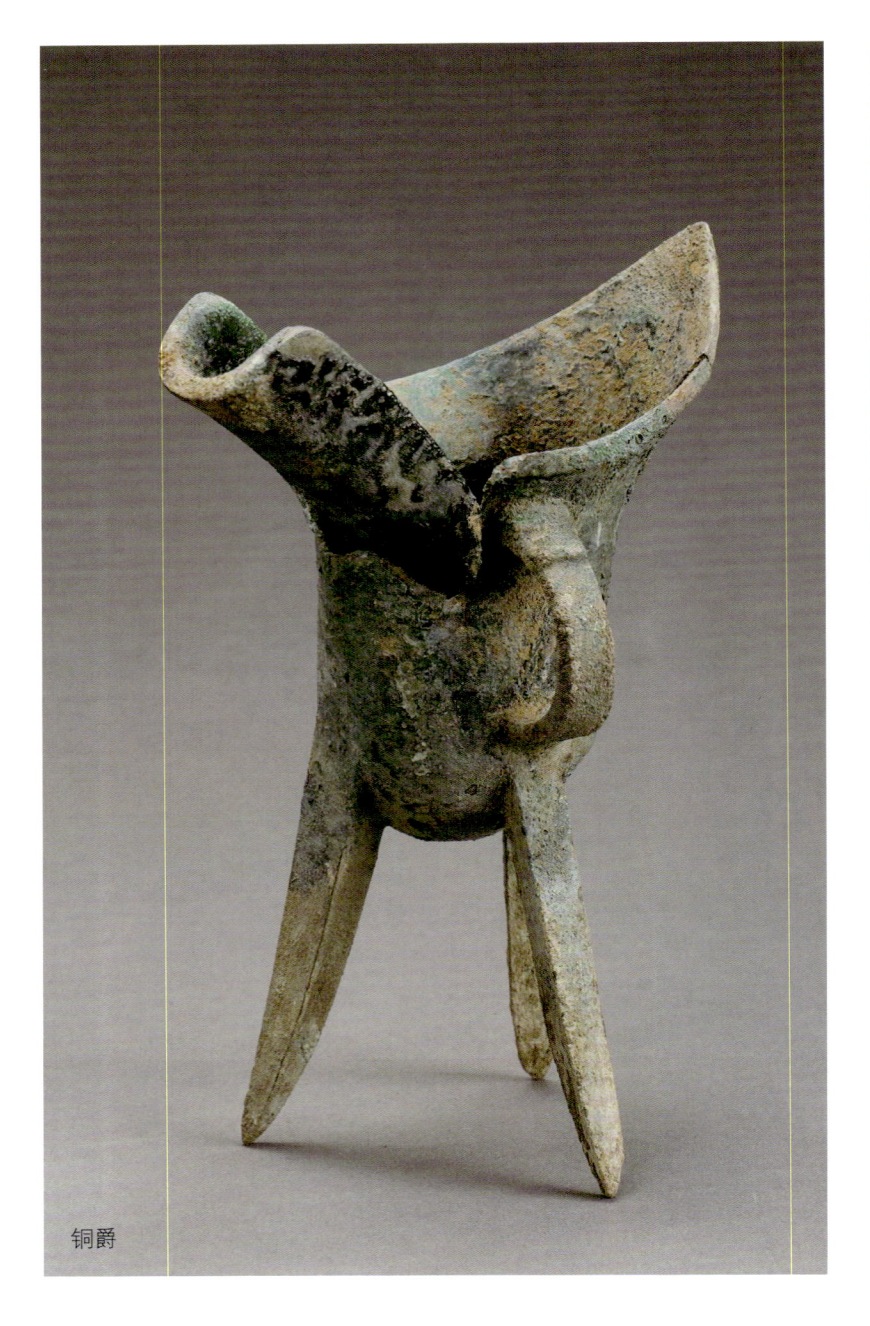

铜爵

铜矛

铜刀

黄河路 109 号院晚商时期墓地出土铜器

第二部分 郑州地区不同时期考古

黄河路 109 号院晚商时期
墓地出土玉器

玉璋　　玉圭

玉柄形器　　玉柄形器

六、西周时期

　　西周是中国历史长河中奴隶社会逐渐消亡、封建社会开始萌芽的阶段，是中国古代社会发展的关键时期。西周王朝的统治领域十分广阔，东至大海之滨，西达今甘肃地区，南越汉水、长江，北及今内蒙古、辽宁广大地区。西北地区是西周王朝的统治腹心，在灭商前其统治者已经营多年。灭商后，为了巩固广大地区的统治，西周统治者"封建亲戚，以藩屏周"，实行分封制。郑州地区是殷商旧地之一，殷遗民势力强大，对西周统治集团具有较大威胁，是西周王朝经营东方门户和统治东方的桥头堡。周初，为加强对这一地区的统治，统治者先后在郑州地区分封有伯之国管国、鄢国、东虢国、巩伯国、密国、祭伯国、崇伯国、补国及子、男之国等十几个封国。

　　郑州地区西周文化遗址的发掘始于20世纪50年代，遗存可以分为早、中、晚三期。早期遗存具有强烈的地域特色，部分陶器有浓厚的殷商文化因素，与典型西周文化因素有较大的区别；中、晚期遗存则趋同于其他地方的西周文化遗存。遗迹主要为各种形式的灰坑，也发现有陶窑、高规格墓葬等。发掘的遗物主要为陶器、石器、骨器、蚌器，还有少数青铜器出土。

　　近年来，娘娘寨和官庄两座城址的发掘为研究西周晚期郑州地区封国的变迁提供了依据。西北郊发现数量比较多的西周早期遗址，为寻找这一地区西周时期的封国提供了重要线索。

西周时期展厅

郑州地区西周时期遗址分布图

郑州地区西周时期重要遗址一览表

名称	地点	主要发现
董寨遗址	郑州市西北部，陇海铁路以北，桐柏路以西	西周早期陶窑和房基
樊河遗址	荥阳市广武镇樊河村	西周早期典型陶器：罐、鬲、簋、钵、豆、瓮、甑、澄滤器、单耳杯、器盖、碗等
	河南银江商务综合楼基建工地	用牛、羊、人进行祭祀的3座西周祭祀坑
洼刘遗址	郑州高新技术产业开发区梧桐办事处	西周早期中型墓12座、小型墓60余座、车马坑2个
水牛张村遗址	郑州高新技术产业开发区西部	西周时期墓葬22座
蒋寨遗址	荥阳市豫龙镇蒋寨村	西周时期房址17座
泉州路道路工程建设工地	郑州市西四环以西，陇海路以北	西周时期灰坑109个
朱寨遗址	郑州高新技术产业开发区沟赵办事处朱寨村东	仰韶、商代、西周、战国、汉代、唐、宋等多时期文化堆积
娘娘寨遗址	荥阳市豫龙镇寨杨村西北	娘娘寨城址1座，西周时期墓葬19座
官庄遗址	荥阳市高村乡官庄村西部	城、壕沟、灰坑、灰沟、房址、陶窑和墓葬
寺东高遗址	新郑市孟庄镇寺东高村	西周晚期，春秋、战国时期灰坑、墓葬、窑、窖穴、灶

娘娘寨遗址

娘娘寨遗址位于荥阳市豫龙镇寨杨村西北，索河环绕遗址西、北而过，南部为龙泉寺冲沟。

娘娘寨遗址由内城和外城两部分组成。内城平面近方形，城墙南北长 300 米，东西宽 290 米，外有城壕，宽 48 米。城墙四面各设有一城门，分别与城内"十"字形主干交通道路相接。内城中部发现有 8 座两周时期夯土基址，东北部为作坊区。外城东西长 1200 米，南北宽 850 米，面积 102 万平方米，外有城壕，宽 20 米。

娘娘寨遗址总体布局是内外城相配置，其中内城为宫城，外城为其外郭城，内外城城墙外均设有护城河。内城虽小，但完全具备宫城应有的功能：内城内分布有"十"字形主干道；内城中部发现有两周时期夯土基址，为宫殿区；内城东北部分布有较多陶窑，应为作坊区；内城在四面城墙中部设有城门，城门与城内道路相通；宫殿区与作坊区之间分布有粮仓，推测为仓储区；内城散布有水井等取水设施。内城始建于西周晚期，沿用至战国时期，外城始

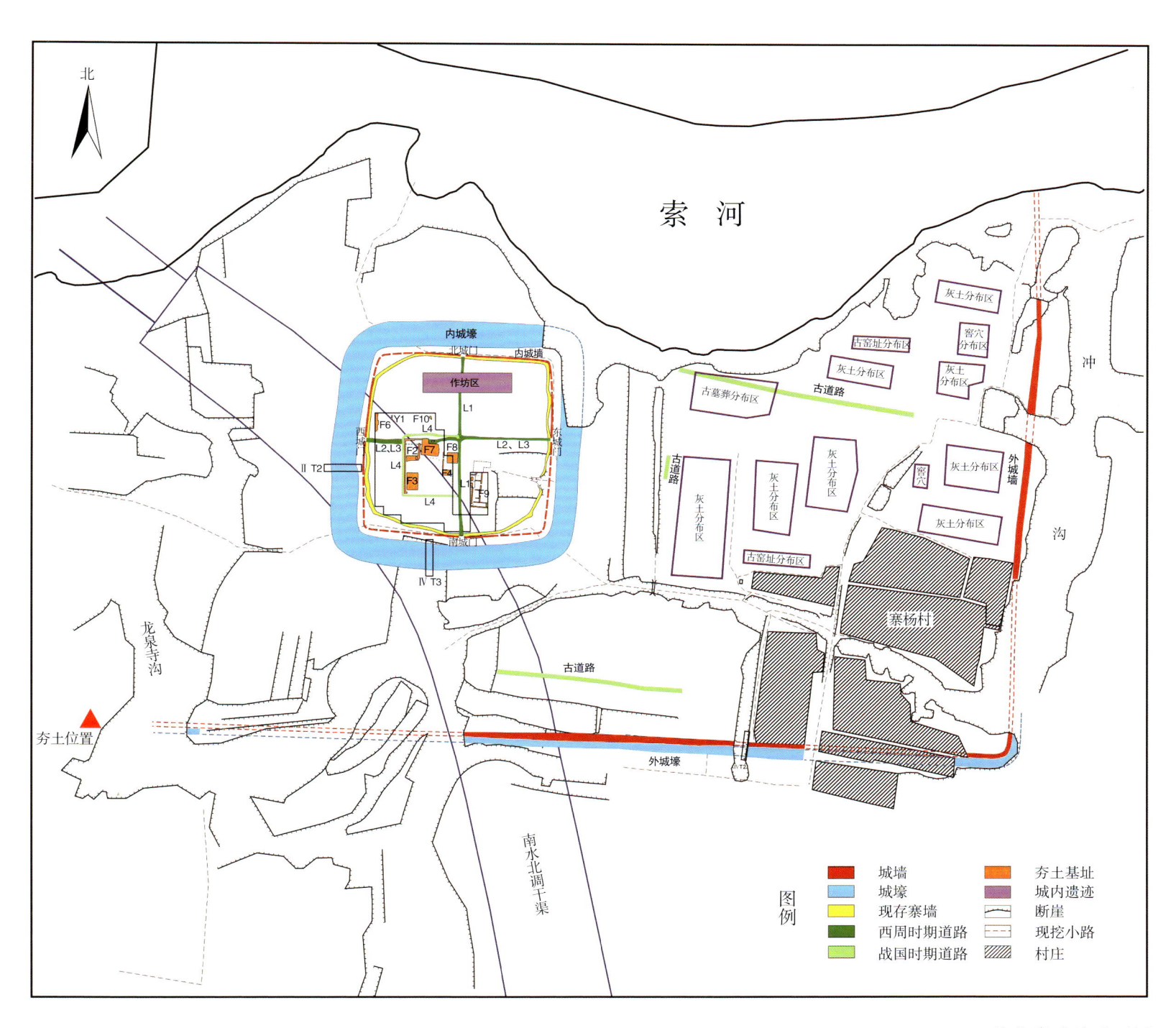

娘娘寨遗址平面图

建年代略晚于内城，内外城在东周时期同时使用。战国时期内城内分布有大面积的宫殿遗迹，说明当时内城仍行使宫城的功能。

娘娘寨遗址发掘西周时期墓葬19座，出土物丰富，从质地来看，有陶器、石器、骨器、蚌器、铜器、玉器等，以陶器为大宗，其余器物较少。

陶器分泥质和夹砂两种，以灰陶为主，少量红褐陶，器表装饰绳纹、旋纹、弦纹、附加堆纹等，也有相当数量的素面陶，器型有鬲、豆、罐、盂、碗、甑、簋等；石器主要有石铲、石刀等；骨器较多，器型有针、簪、凿、镞等，另有卜骨、鹿角及用鹿角加工的角锤；蚌器主要有蚌刀、蚌镰、蚌锯等；铜器、玉器较少，铜器主要为小型铜刀、铜箭镞，玉器主要有玉璧、玉鱼、玉圭等。

娘娘寨遗址是郑州地区发现的第一座西周封国城址，其发现与发掘为探寻西周历史提供了重大线索：第一，娘娘寨遗址恰好位于虢、郐之间的边缘地区，从地望角度符合桓公东迁的历史事实。第二，娘娘寨遗址始建于西周末年，在东周时期继续使用，文化遗存以西周晚期和东周时期为主，与郑桓公东迁其民的时间相合。第三，娘娘寨遗址内城面积为14万平方米，规模不大，但城壕既宽又深，表现出强烈的防御功能，这与郑桓公东迁时自身的实力及当时举国动荡的历史事实相符合。总之，结合娘娘寨遗址的发掘与历史文献的记载，娘娘寨遗址很有可能与西周末年郑桓公东迁有关。

娘娘寨遗址内城发掘现场航拍图

第二部分 郑州地区不同时期考古

娘娘寨遗址北城墙剖面

娘娘寨遗址战国时期祭祀坑

娘娘寨遗址发掘西周时期墓葬

娘娘寨遗址发掘西周时期陶窑

娘娘寨遗址出土西周晚期陶器

玉玦

玉璜

玉圭

玉饰

娘娘寨遗址出土玉器

官庄遗址

官庄遗址位于荥阳市高村乡官庄村西部，南距索河 3 千米，北距枯河约 2.5 千米。遗址包括龙山文化、两周、唐宋、明清时期的遗存，以两周时期遗存为主。

遗址由平面略呈东西向长方形的外壕和"凸"字形的内壕围合而成，外壕内有大城、小城，东北部发现布局规整、排列有序的两周墓地。大城城址面积约 130 万平方米。小城大致呈方形，由内侧的夯土城墙和外侧的两重环壕构成。其中夯土城墙北、西、南三面长约 260 米，东城墙长约 310 米，宽 10—12 米，内、外壕宽 12 米。

官庄遗址是郑州西部发现的两周时期的一个大型聚落遗址。官庄遗址和娘娘寨遗址的地理位置、年代均与郑桓公东迁相符合，有学者推测官庄遗址是西周末年郑桓公存放财货的寄帑之地。

城内出土物多为陶器，泥质陶多于夹砂陶，以灰陶为主，也有少量红、褐陶。纹饰以绳纹居多，也有少量弦纹、刻画纹、篮纹、方格纹等，素面陶略少。器类主要为炊器和盛储器，器型有鬲、盆、罐、豆、盂、器盖等。

2015 年以来，郑州大学历史学院联合郑州市文物考古研究院、荥阳市文物保护管理中

官庄遗址平面图

官庄遗址环壕航拍图

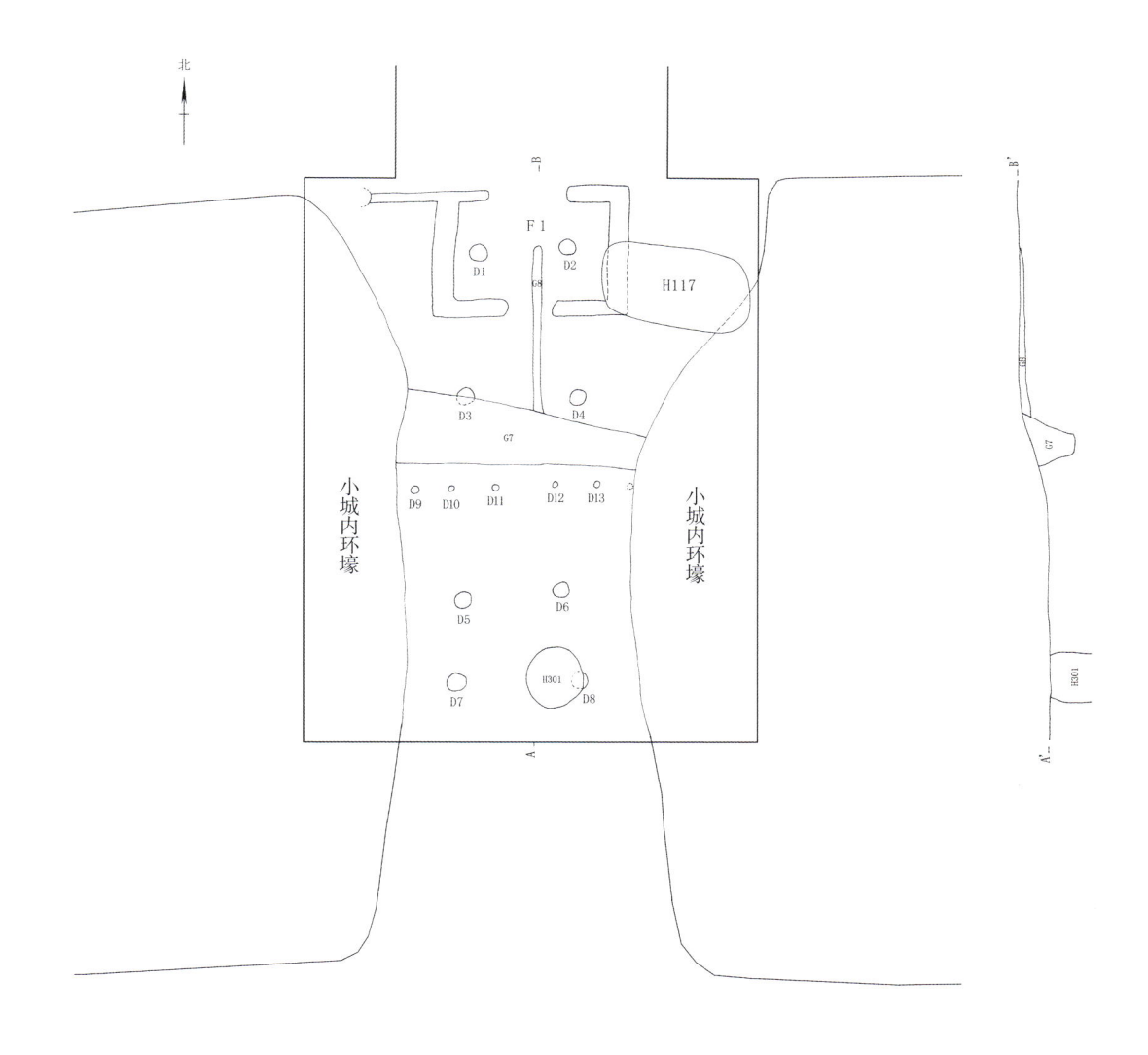

官庄遗址小城南门平面图

官庄遗址南外壕

官庄遗址大城城墙及环壕

官庄遗址 H2228 中的熔炉残块堆积

官庄遗址发掘陶窑

官庄遗址发掘泥料坑

心在大城内进行了系统勘探和发掘，在大城中北部发现了丰富的手工业遗存，包括两周时期的制陶、铸铜、制骨遗存及汉代砖瓦窑、铁器窖藏等。2018年，其对大城中北部的手工业作坊区再次进行了发掘，并对小城西南部的大小城壕连接处进行了解剖。解剖表明，官庄小城城壕的建造约在两周之际，大城是在小城使用一段时间后才建造的。

官庄城址始建于西周晚期早段，春秋早期即被废弃，存续时间较短，且符合"地近虢"的地望。文献记载，郑国东迁后"四年（前767）灭虢"，官庄城址的兴废可能反映了两周之际诸侯国政治更替的历史事实。

官庄遗址位于索河、枯河之间，东连郑州，西通伊洛，地理位置十分重要。与同时期的娘娘寨遗址相比，官庄遗址面积更大、遗存更丰富，其大小城南北相连、多重环壕的结构非常独特，尤其是小城内壕历经数次淤积，遗留了早晚不同时期的5条壕沟及夯土护坡。小城

官庄遗址出土西周晚期陶鬲

官庄遗址出土西周晚期陶簋

南城门及相关建筑和出入设施的发现在周代城址考古中尚属首次。官庄遗址发现有西周时期的城墙及较为丰富的西周时期遗迹、遗物，在城墙外侧还发现有三重护城河。文献记载："虢叔恃势，郐仲恃险。"可见东虢国防御措施严密。

《诗·郑谱》引正义云："谓济西、洛东、河南、颍北是四水之间，其子男之国有十，惟虢、郐为大。"从遗址面积看，官庄城址外壕的围合面积超过130万平方米，是目前中原地区最大的西周城址，其结构布局、所处地理位置及考古学遗存均与东虢国相对应。

官庄遗址出土簋范（H1966⑤：2）

官庄遗址出土簋范莲瓣模（H1187③：167）

官庄遗址出土连体龙凤纹模（H1187②：10）

蒋寨遗址

蒋寨遗址发掘现场航拍图

蒋寨遗址位于荥阳市豫龙镇蒋寨村南，面积约30万平方米。遗址时代跨龙山文化、晚商、西周几个时期，尤以晚商和西周时期居多，是西周早期一处中型聚落遗址。

遗址发现西周时期房址17座，集中分布在遗址的东南部，均为半地穴式，形状多为长方形，有少量为圆形和椭圆形；房址有单间和双间之分；房址内灶址保存完好，有单灶和双灶之分。出土陶器极为丰富，器型主要有鬲、簋、盆、罐、豆、瓮、甗、器盖等。

遗址出土的晚商陶器具有明显的地方特征，西周陶器以商式因素为主流，典型的宗周文化因素较少。这一现象对认识郑州地区西周文化面貌、商周文化的传承关系、西周文化分期标尺等具有重要的意义。

蒋寨遗址发掘现场航拍图

蒋寨遗址房址内灶

蒋寨遗址陶窑

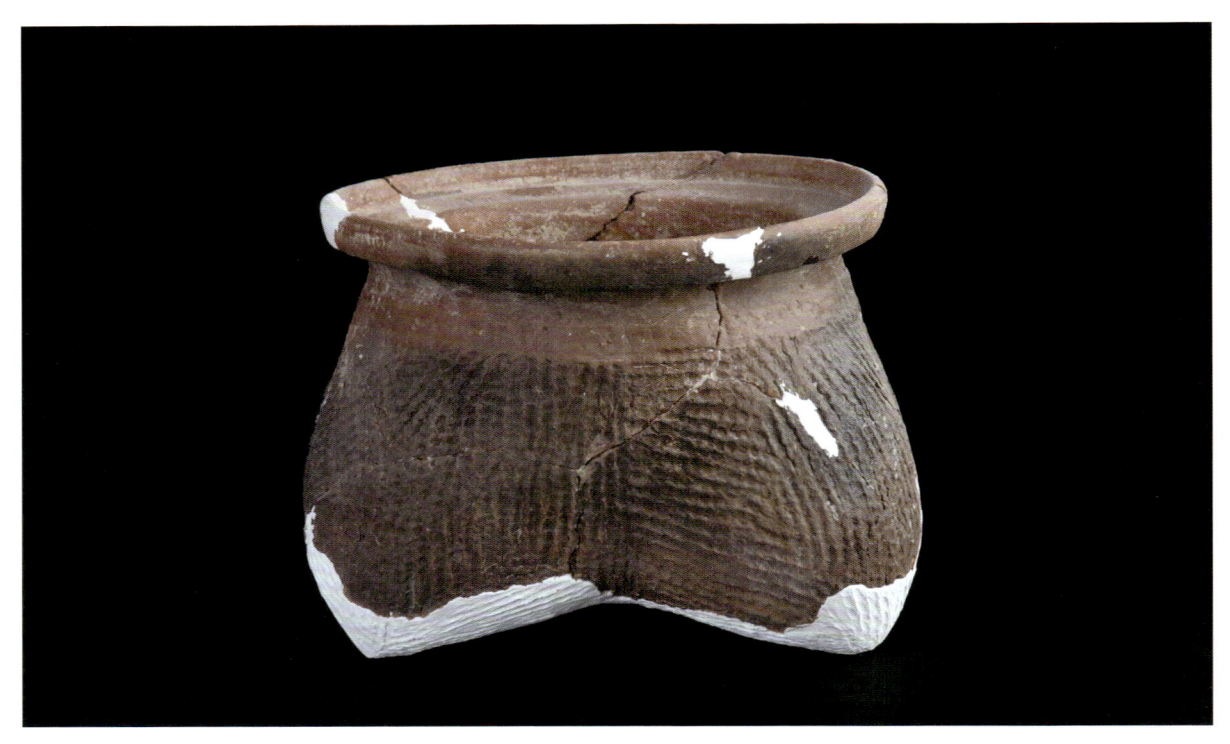

蒋寨遗址出土陶鬲

蒋寨遗址出土陶盆

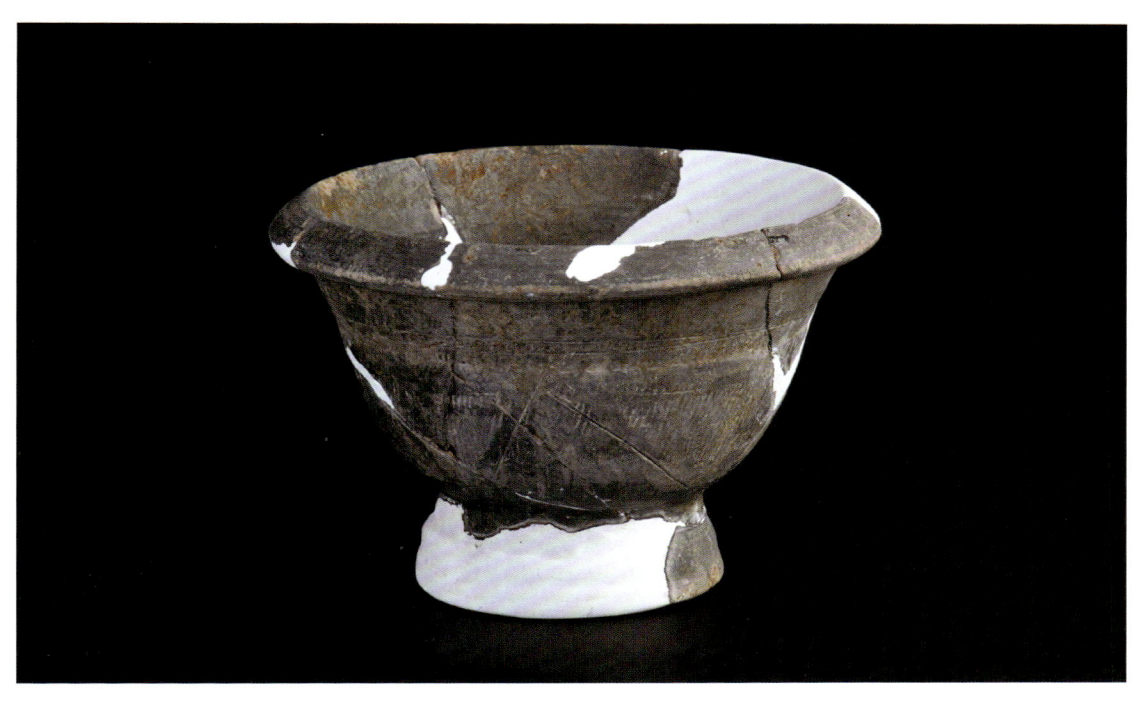

蒋寨遗址出土陶簋

蒋寨遗址出土陶罐、陶豆

洼刘遗址

洼刘遗址位于郑州市西北郑州高新技术产业开发区梧桐办事处洼刘村北，原为海拔106—110米的土丘。1999年11月至2000年4月，郑州市文物考古研究所为配合基建工程，在洼刘村进行了抢救性发掘，清理了一批西周早期贵族、平民墓葬及2个车马坑，出土了大量精美的西周早期青铜礼器、兵器、车马器，以及玉器、陶器、蚌饰、贝饰、贝币等。青铜礼器中大部分器物的盖内顶部、底部，器外底部或錾下铸有铭文或族徽。

这一发现填补了郑州地区西周考古的空白，发现的这些出有青铜器的墓葬应是西周早期管国贵族后裔的墓葬，这为寻找这一地区西周时期的封国提供了重要线索。

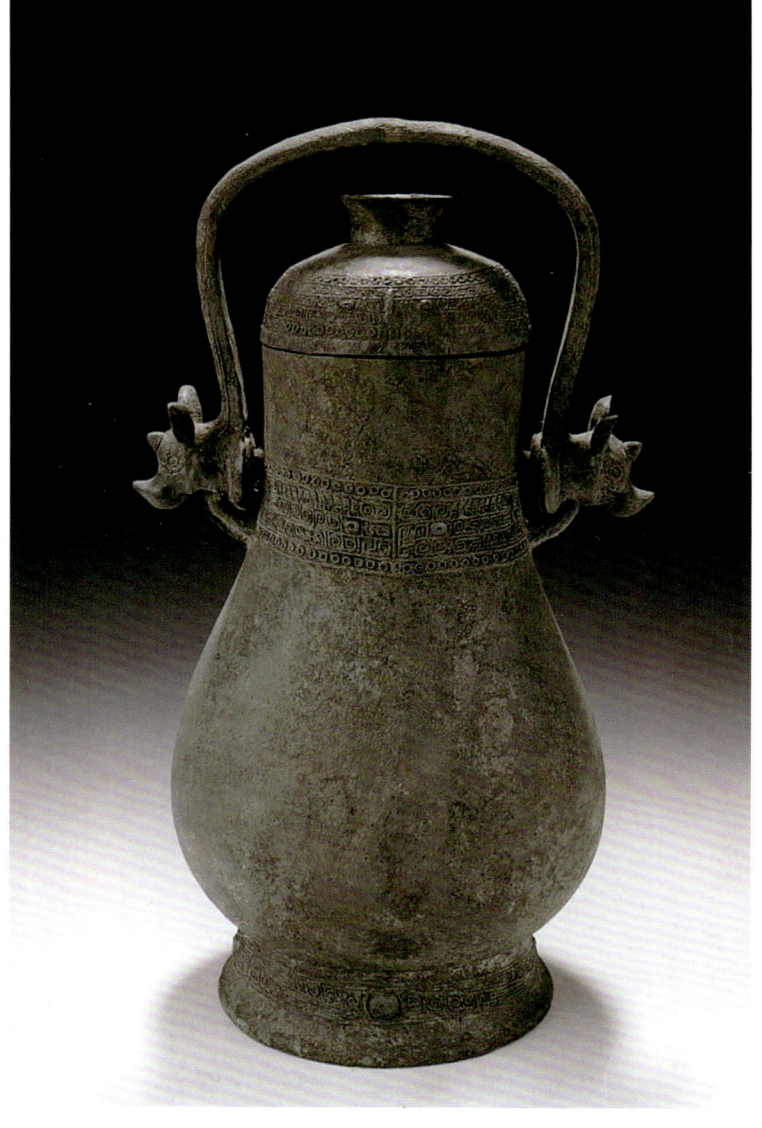

洼刘遗址出土铜卣

第二部分　郑州地区不同时期考古

洼刘遗址出土铜簋

洼刘遗址出土铜鼎

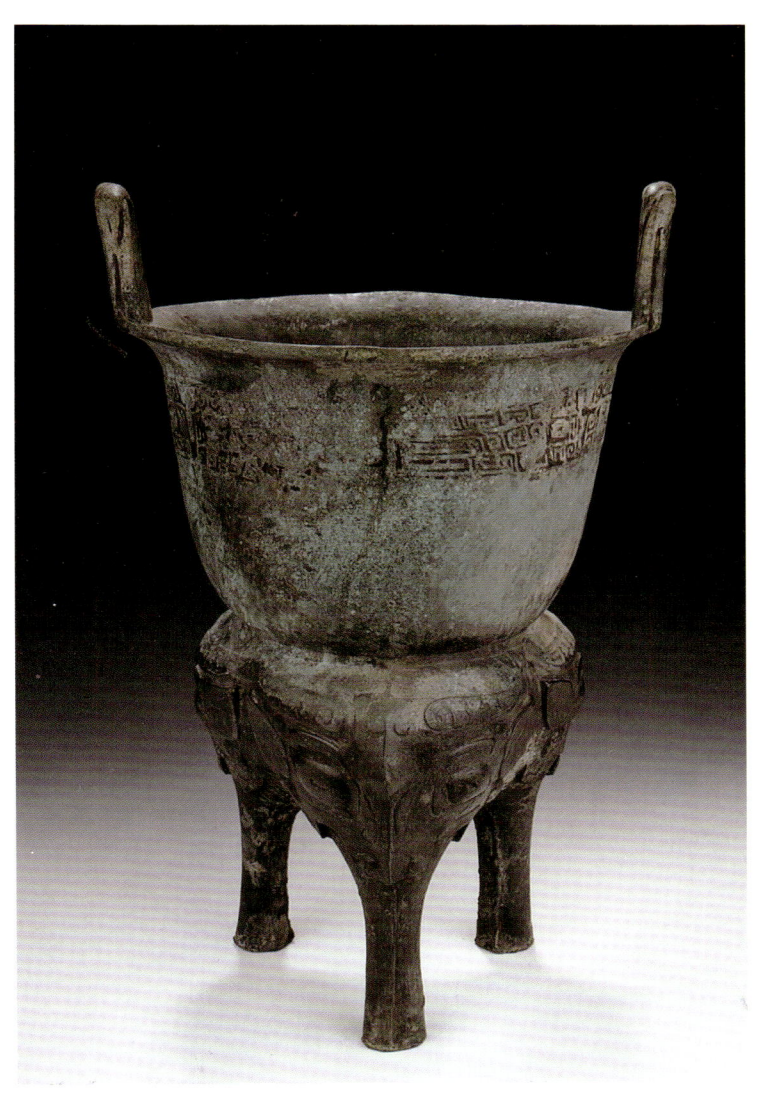

洼刘遗址出土铜甗

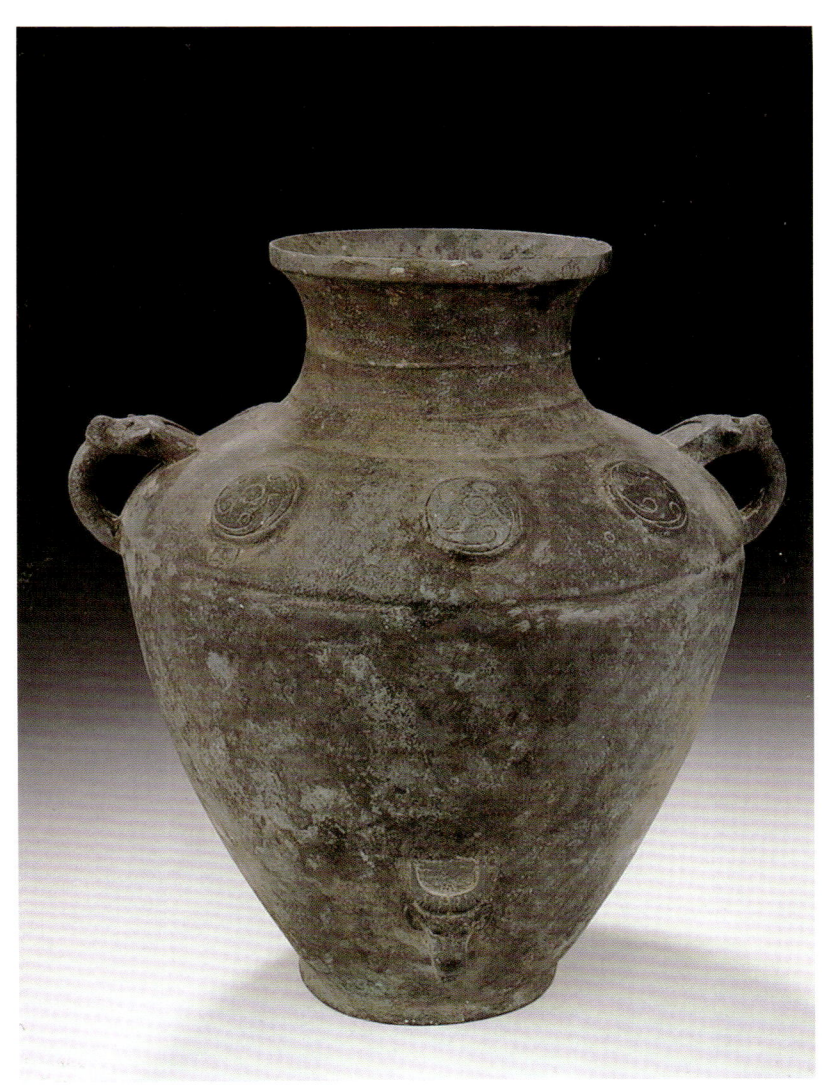

洼刘遗址出土铜罍

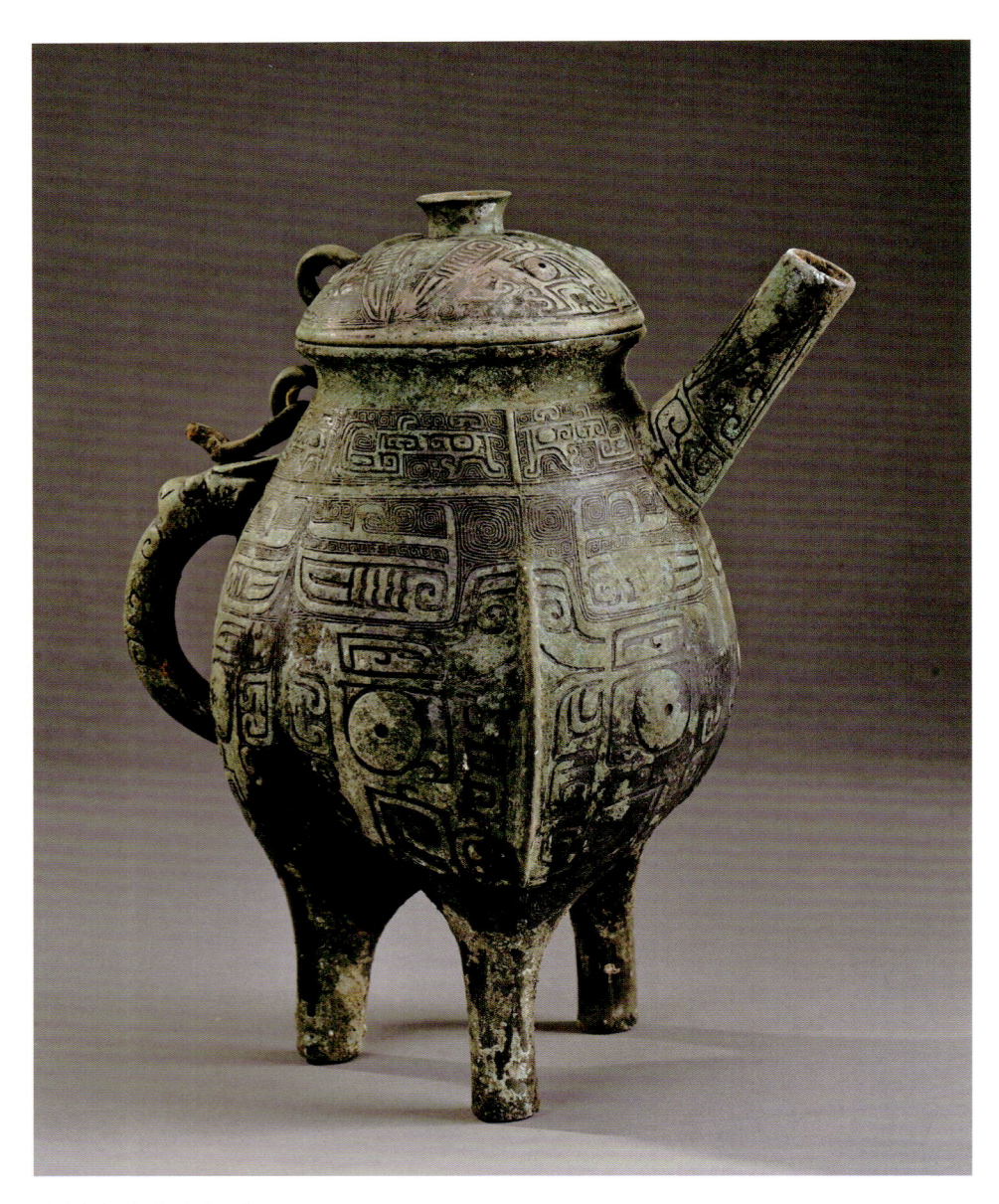

洼刘遗址出土铜盉

洼刘遗址出土铜器铭文

洼刘遗址出土举父丁鼎腹内铭文

洼刘遗址出土车罍铭文

展厅展出其他西周时期文物

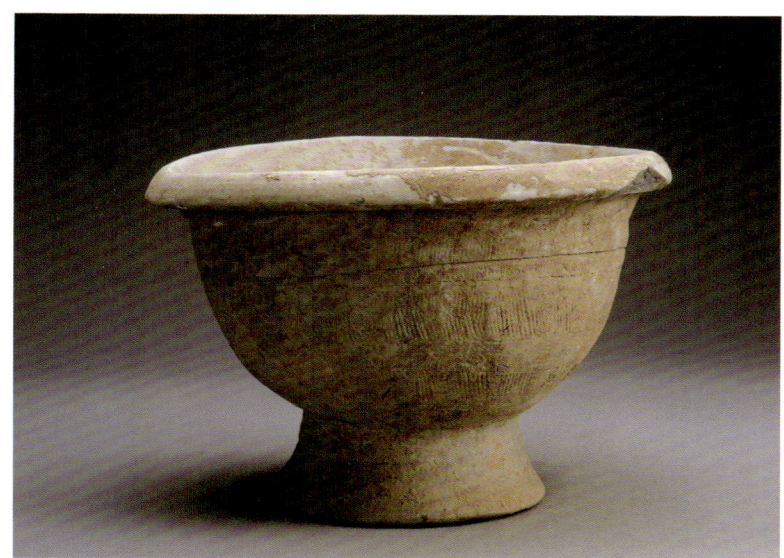

陶簋 西周
2005 年荥阳西司马遗址出土

陶簋 西周
2002 年郑州大学新校区出土

陶豆 西周
2005 年荥阳西司马遗址出土

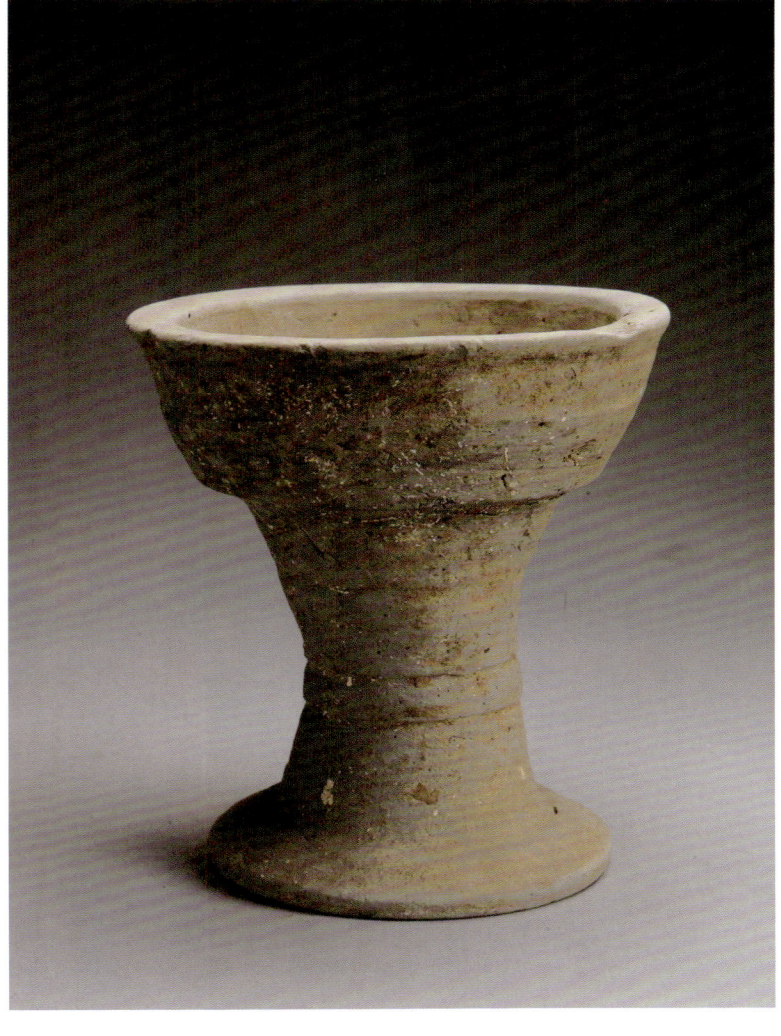

陶豆 西周
2002 年郑州大学新校区出土

七、东周时期

公元前 770 年至前 221 年的东周时期是郑州古城池获得大发展的重要时期，至少有郑韩故城等 30 多个见诸文献记载的诸侯国的都城位于郑州地区，史料中未有记载的一般城邑则数量更巨。据考古材料，郑州地区目前有迹可循的东周城池至少有 16 座，如郑韩故城、华阳城、阳城、京城等。从规模来看，城池有大有小，大的城池面积近 10 平方千米，城垣体量巨大。从种类来看，城池种类繁多，有诸侯国都城、封邑，亦有郡县城市、军事重镇。从布局来看，城垣形状复杂多样，大型城市多为内外城或大小城的布局。东周时期郑州地区不仅占据交通孔道之优势，还是各国逐鹿中原的古战场，在激烈的社会变革中，这些城池为郡县制地方行政管理体系的最终确立奠定了基础。

东周时期展厅

郑州地区东周时期遗址分布图

东周故城

东周故城位于郑州市郑东新区古城村和东周村。《左传》载宣公十二年（前597）晋荀林父大战楚军于此。城址平面近刀把形，西城墙长约440米，北城墙长约880米，东城墙长约560米，南城墙长约980米，城壕宽30—60米。

城址由城墙和城壕两部分组成，面积40余万平方米。西、北、东三面城墙较直，唯南

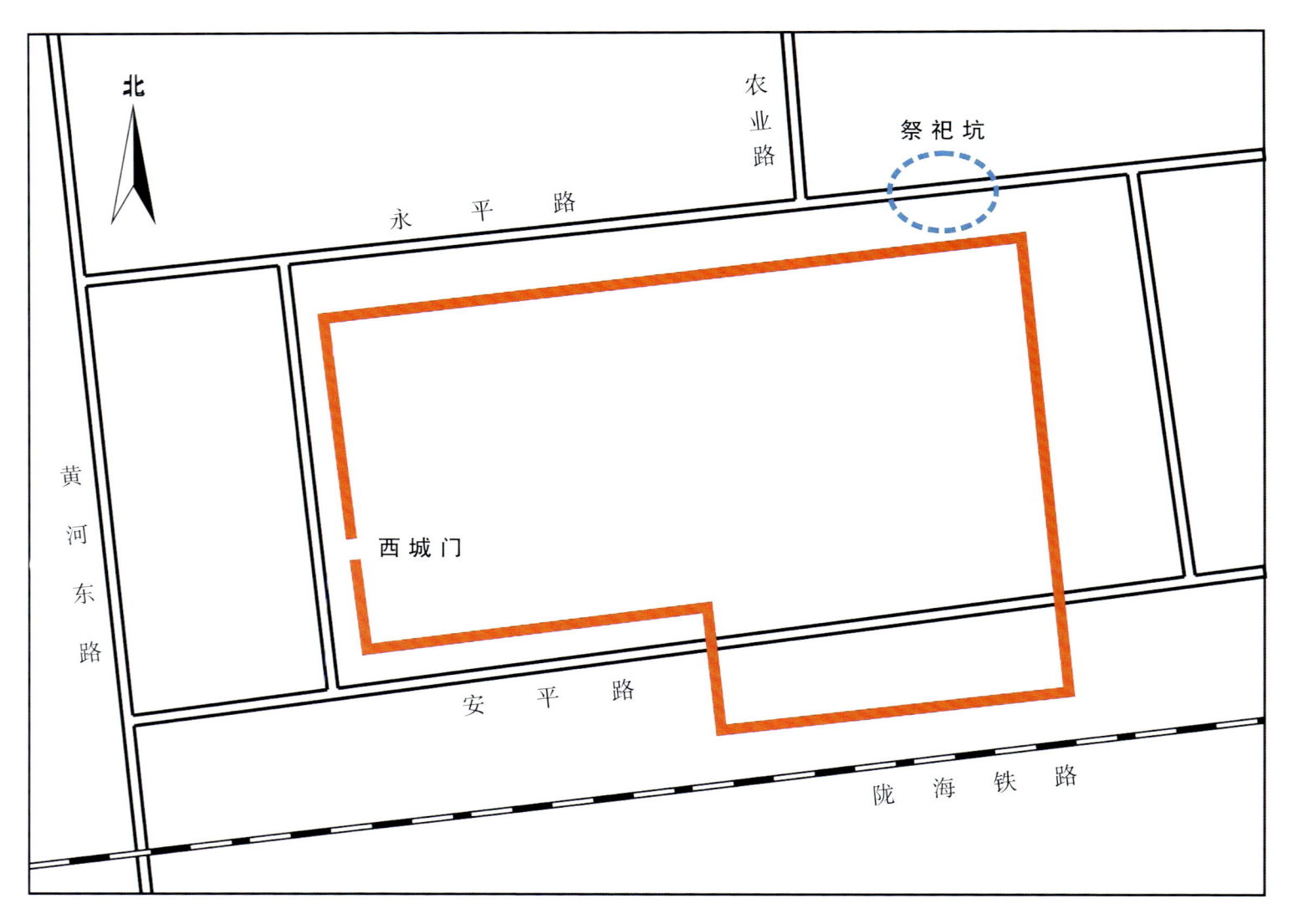

东周故城平面图

东周故城出土陶文

城墙曲折，形成东宽西窄的不均等布局结构。

城墙由基槽、主体城墙组成，个别地方用加固墩加固。城墙大部分地方仅保留有基槽，内外护坡及地上墙体基本不存在。城墙建筑方式为双基槽版筑法，即先将平面的坑洼及生活遗留的灰坑、窖穴等用土夯实，然后在两边挖基槽，从基槽底部开始夯打，直至地表，再向上夯筑城墙。双基槽之间有墙心。在南城墙外凸西段发现两处城墙加固墩，形制为方形，夯层规整，硬度高，结构紧密，夯土用红褐色黏土、褐色黏土、灰褐色沙土混合夯筑，土质与

东周故城城墙夯土基槽

东周故城夯土墙加固墩

周围有别，显然是特意从其他地方运来的。两加固墩间隔约60米，可能与城门遗迹有关。

城壕位于城墙基槽外4—6米处，上部被冲刷破坏，残宽约36米，最宽处达60米，深约4米。城壕到西南拐角处与蓄水池并合。

蓄水池位于城墙西南拐角西部，发掘部分平面形状为不规则形，东西长约80米，南北残留宽约50米，深约4米，底部为黄沙。该蓄水池推测应为专供城内用水的大型蓄水设施。

东周故城城墙采用双基槽的建造方式，直接从基槽底部开始夯筑，在城墙上建造加固墩，不同于以往发现的城墙加固方法，是目前所知中国城市建设史上第一次发现。它的发现为研究东周时期城墙的建造方式提供了新的资料，对古代城市防御和城墙加固研究具有重要意义。

郑韩故城

郑韩故城位于新郑市新建路街道办事处、新华路街道办事处、城关乡、梨河镇及和庄镇一带双洎河与黄水河的交汇处。北城墙长约4200米，东城墙长约6500米，周长约20千米，城内面积约16平方千米。城墙为黄土分层夯筑而成，宽40—60米，经过2000多年的风雨洗礼，至今仍高大雄伟，最高处超过18米。城内中部南北向隔墙将城址一分为二。西城为政治中心，

郑韩故城城墙

郑韩故城平面图

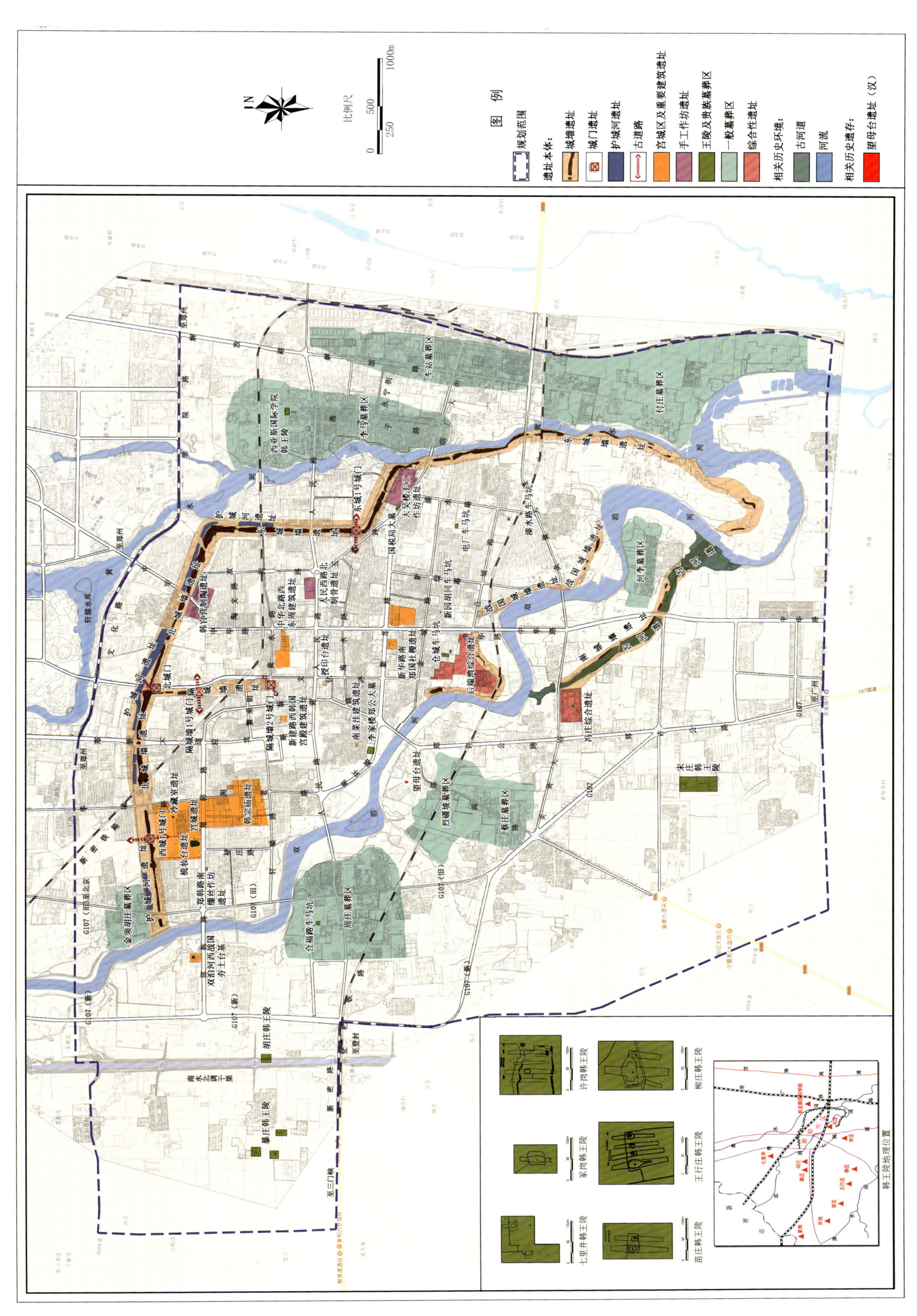

郑韩故城北城门遗址瓮城墙体范围

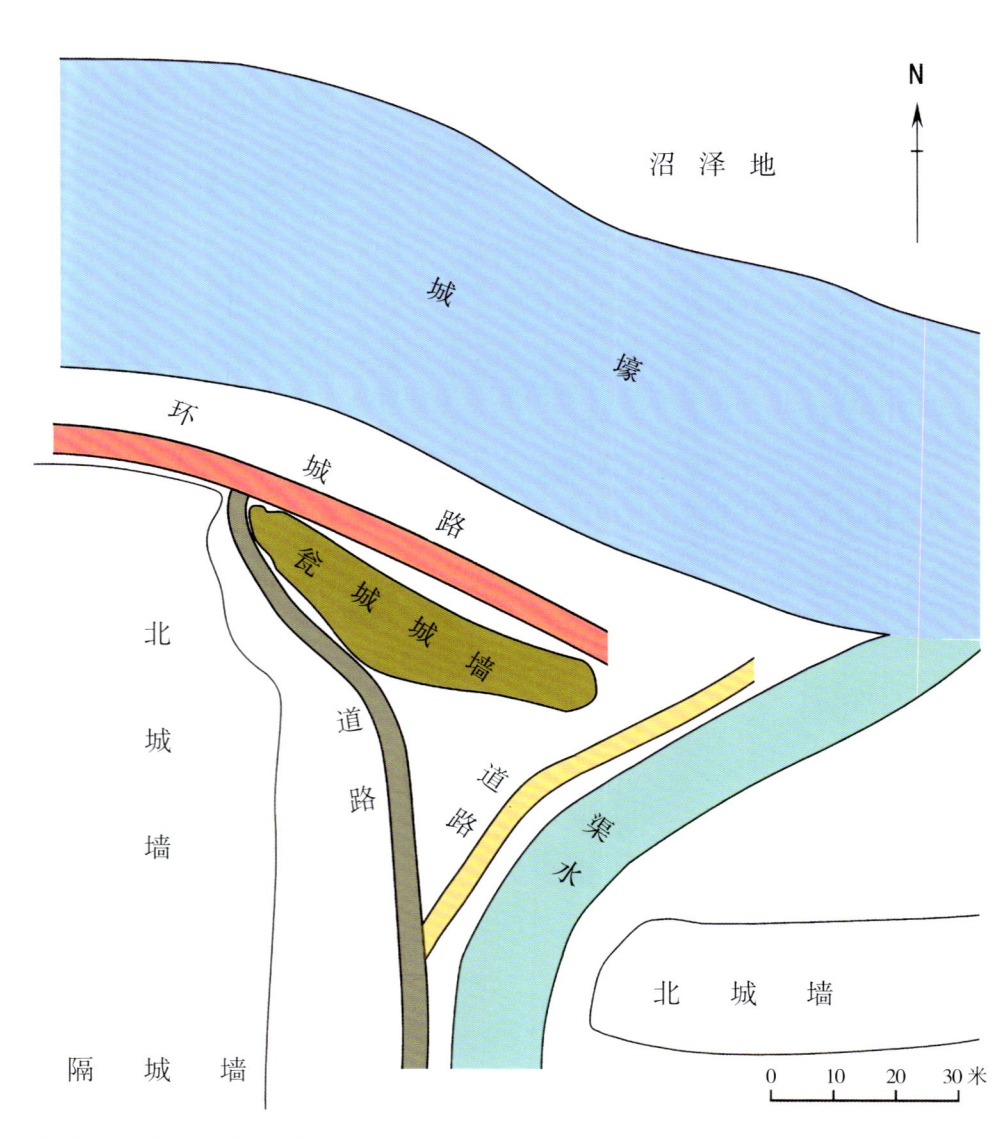

郑韩故城战国时期北城门平面图

郑韩故城出土象牙车扶手　　　　　　郑韩故城出土春秋龙纹方壶

郑国祭祀遗址出土铜礼器组合

分布有郑韩两国宫城遗址、韩国宗庙遗址和郑国某些国君的陵墓；东城为经济中心，分布有郑国贵族墓地、宗庙和祭祀遗址及郑韩两国各类手工业作坊遗址等。

郑国是周代姬姓封国。《史记·郑世家》载："郑桓公友者，周厉王少子而宣王庶弟也。宣王立二十二年（前806），友初封于郑。"后郑桓公随平王东迁灭郐（新密、新郑之间），

郑国祭祀遗址出土编钟

不过郑国的举国东迁和徙都，应是由郑武公完成的。《史记·郑世家》集解引韦昭注曰："后武公竟取十邑地而居之，今河南新郑也。"为区别陕西之"郑"，后人称此地为新郑。春秋时，郑国曾经是一个比较重要的诸侯国，春秋末由盛转衰。公元前376年韩哀侯灭郑，韩国由阳翟（今禹州北）迁都于郑，直至前230年被秦灭亡。由于郑韩两国先后在这里建都500多年（郑国390年，韩国145年），所以一般称这里为"郑韩故城"。

《水经注·洧水》详细记载了郑韩故城的地理位置："洧水又东迳新郑县故城中。……今洧水自郑城西北入，而东南流，迳郑城南。……洧水又东与黄水合，……黄水又南至郑城北，东转于城之东北，与黄沟合。"1949年以来通过考古调查和发掘，郑韩故城所在同《水经注》记载基本相符。

郑韩故城内外遗迹众多，出土了大量珍贵文物，在中国古代都城发展史上具有重要的地位和作用。经过几十年的考古发掘，郑韩故城的平面布局基本清晰，城墙、宫殿区、礼制建筑（郑国祭祀遗址、韩国宗庙遗址）、手工业作坊区、高级贵族墓葬区和中小型墓葬区等位置和范围已基本探明，城门、排水设施、隔墙的始建年代，王陵墓的归属，故城布局的演变等问题还需要进一步研究。

郑王陵

郑王陵位于郑韩故城东城西南部，1996年配合基本建设被发现。墓地面积约16万平方米，墓葬总数在3000座以上。形制有"中"字形、"甲"字形和无墓道3种，其中长15米以上的墓葬15座，长6米以上的墓葬近180座，大中型车马坑23个。2001年，河南省文物考古研究所对1号墓和1号车马坑进行了发掘，2002年，在原址上建郑王陵博物馆。

郑王陵1号墓架网

郑王陵1号车马坑发掘局部

韩王陵

韩王陵位于郑韩故城周边，已发现11处30座陵寝，分别是：辛店镇许岗村东墓冢4座、观音寺镇王行庄村北墓冢4座、城关乡苗庄村南墓冢2座、辛店镇冢岗村南墓冢1座、城关乡暴庄村西墓冢5座、城关乡胡庄村北墓冢2座、梨河镇宋庄村东墓冢2座、梨河镇冯庄村南新郑监狱院内墓冢2座、观音寺镇柳庄村北墓冢3座、新村镇七里井村西北部墓冢3座、郑州西亚斯学院内墓冢2座。从调查看，墓向均为南北向，墓冢除宋庄1处是南北排列外，其余均东西排列。绝大部分墓葬平面呈"中"字和"舟"字形，个别呈"甲"字形。

其中胡庄韩王陵位于新郑市城关乡胡庄村的西北岗地上，东距郑韩故城西城墙约1.5千米。2006年10月至2009年8月，河南省文物考古研究所对胡庄韩王陵南水北调中线干渠占压部分进行了发掘，发掘面积超过12000平方米。发掘共清理出春秋中小型墓葬35座、战国中小型墓葬276座、战国末年韩王陵1处2陵，以及少量宋墓、明墓和时代不明的墓葬。出土青铜器740余件、银器46件、玉器137件、铁器5件、陶器300余件、骨器46件，还有大量未统计的铜镞、铜珠、骨贝、骨珠、玉贝等。

这次发掘确认的一处以夫妇2座大墓为核心的韩王陵，其由环沟、"中"字形封土与墓上建筑、陵旁建筑构成的陵园形态填补了韩王陵发现的空白，完整揭示了韩王陵的建造与埋葬过程，对研究古代陵墓制度意义重大。500余件各类珍贵文物的发现，是研究韩国陵墓制度和战国时期手工业发展的重要资料。

胡庄韩王陵封土

胡庄韩王陵环壕

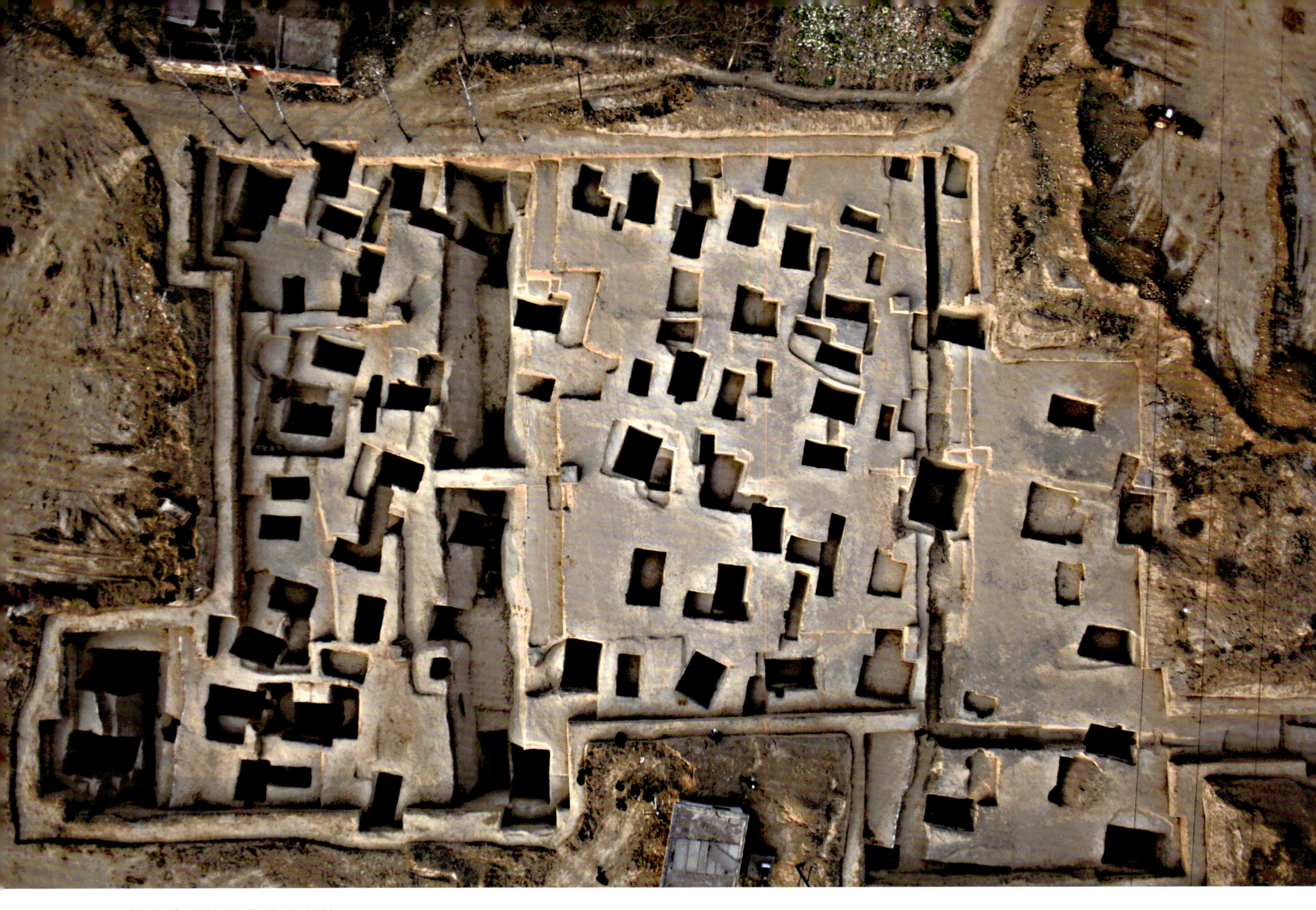

胡庄韩王陵陪葬墓及环壕

胡庄韩王陵出土铜虎首

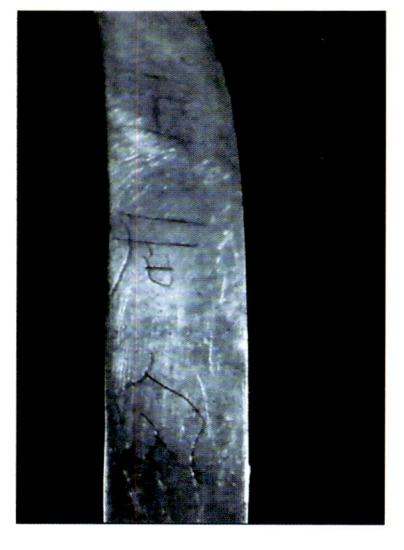

胡庄韩王陵出土
铜尊上"少府"铭

"王后"铭　　　"王后官"铭　　　"太后"铭
胡庄韩王陵出土银箍扣上铭文

常庙城址

常庙城址位于郑州市二七区马寨镇常庙村周围及东、西贾鲁河之间的台地上。2006年，郑州市文物考古研究院对城址进行了钻探和试掘。城址平面呈大写字母"B"形，勘探确认南城墙长约280米，北城墙长约344米，东城墙长约1448米，西城墙长约1264米，城内面积约52.5万平方米。城址内发现有房基、陶窑、灰坑等遗迹，出土带有陶文的陶片7000余枚。

常庙城址实测图

常庙城址东城墙北段

常庙城址发掘灰坑

第二部分　郑州地区不同时期考古

展厅中展出的常庙城址出土带有陶文的陶片

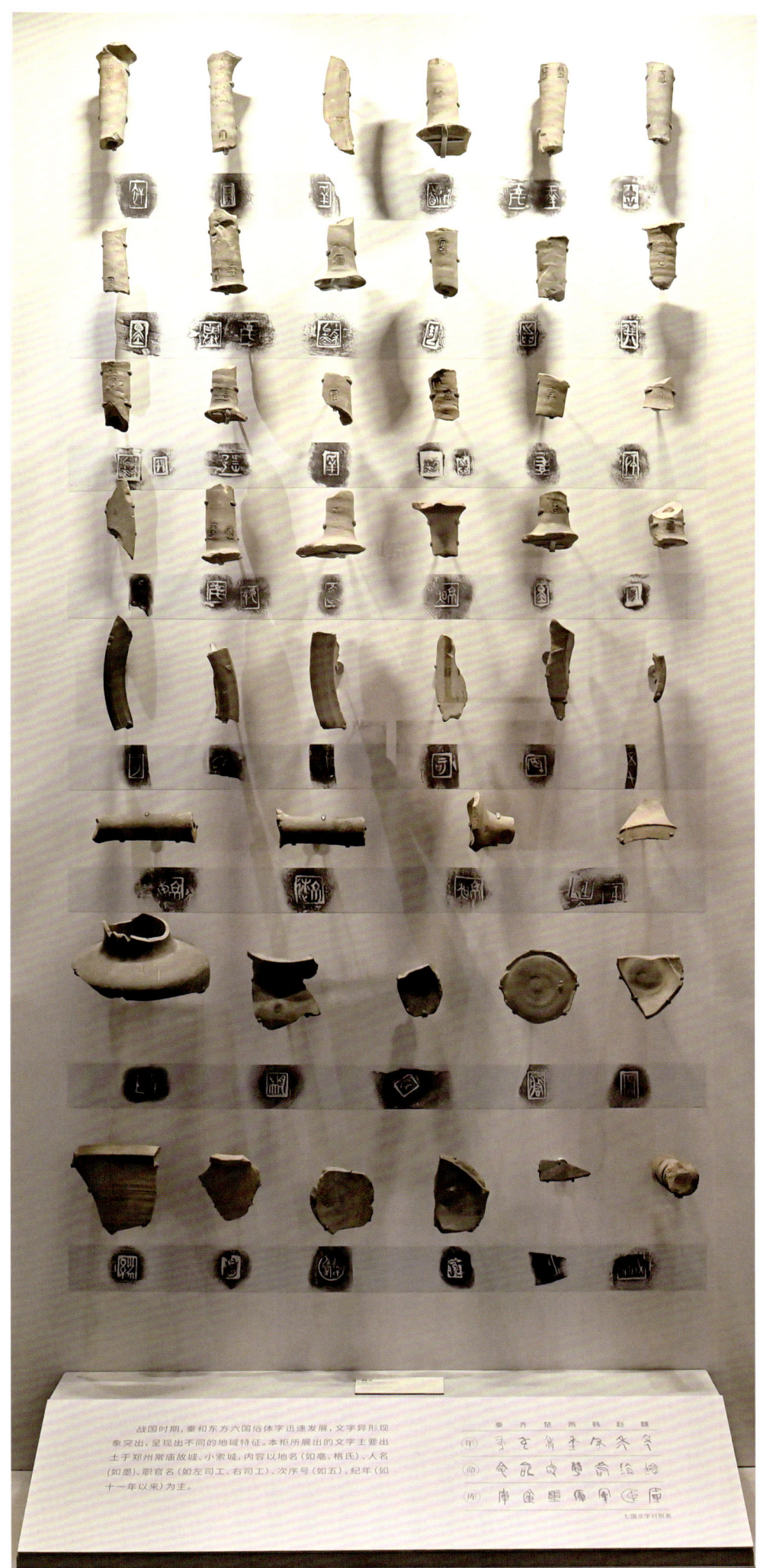

常庙城址出土陶片上朱书文字

京城古城址

京城古城址位于荥阳市京襄城村周围，平面呈长方形，南北长约1800米，东西宽约1400米，面积约251万平方米。夯土城墙地面部分损毁严重，现存16段，残高2—3米，城墙底部宽20—40米。2013年3月，京城古城址被列为第七批全国重点文物保护单位。《左传》名篇《郑伯克段于鄢》中"请京，使居之，谓之京城大叔"的"京城"即为此地。

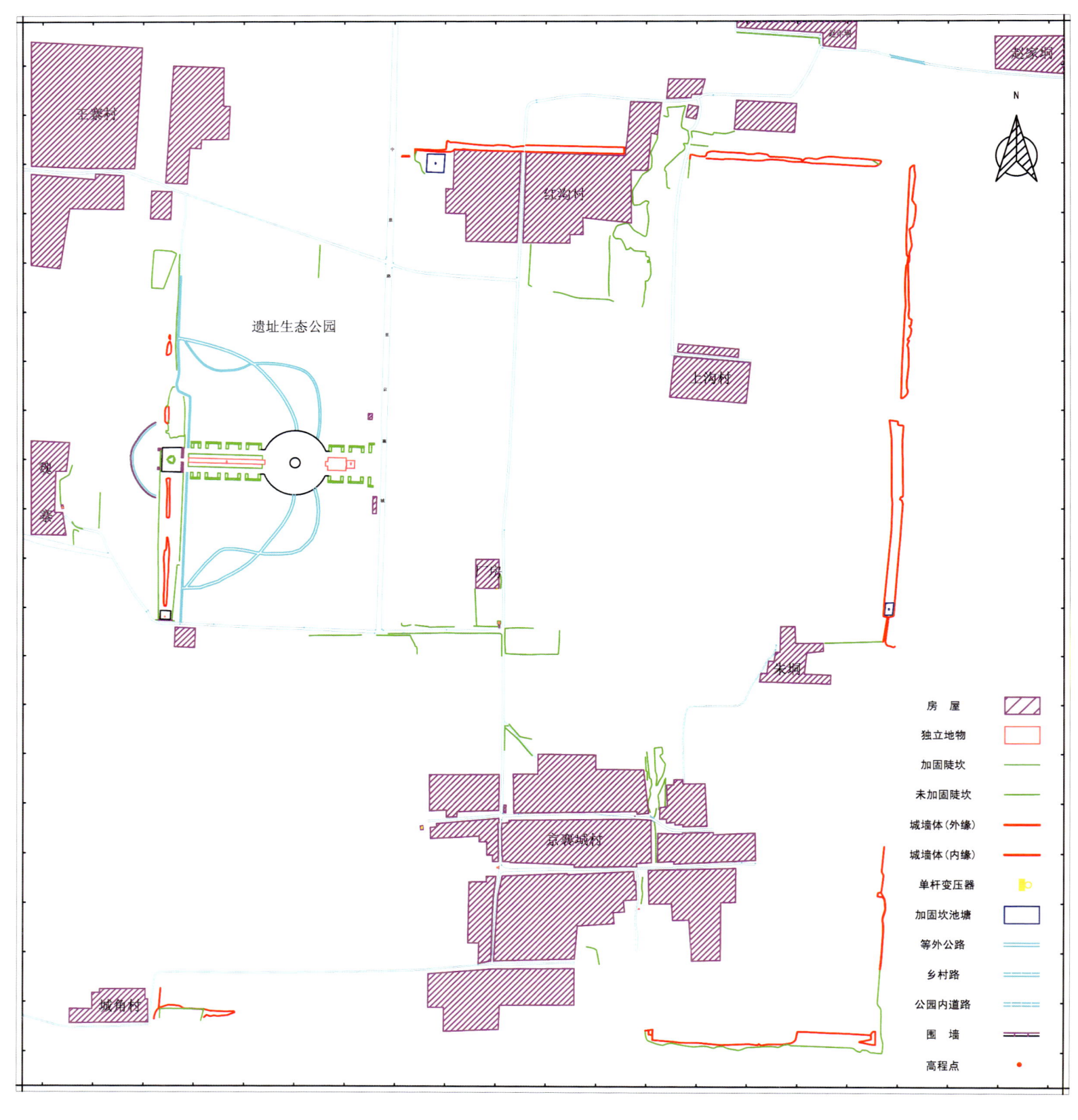

京城古城址平面示意图

京城古城址城墙

京城古城址城墙夯层

京城古城址城墙东南角解剖沟发掘现场

展厅展出其他东周时期文物

陶豆　春秋
1998年郑州纺织机械厂出土

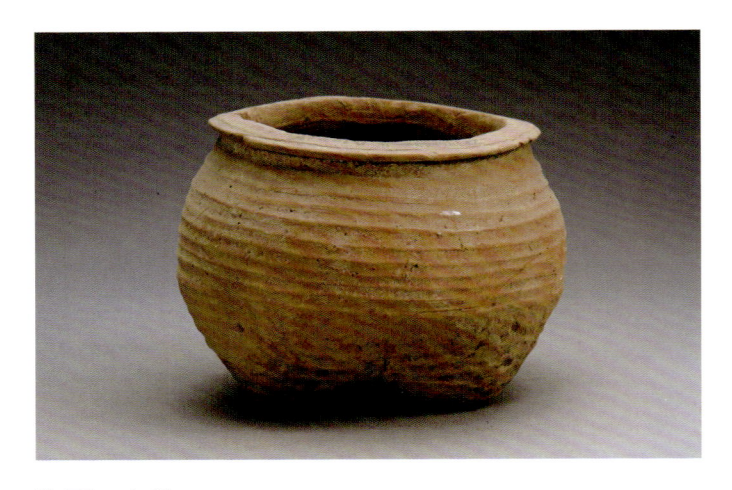

陶鬲　春秋
1998年郑州纺织机械厂出土

陶罐　春秋
1998年郑州纺织机械厂出土

陶盂　春秋
1998年郑州纺织机械厂出土

陶豆　东周
2017年郑州市民公共文化服务区出土

陶器　东周
2017年郑州市民公共文化服务区出土

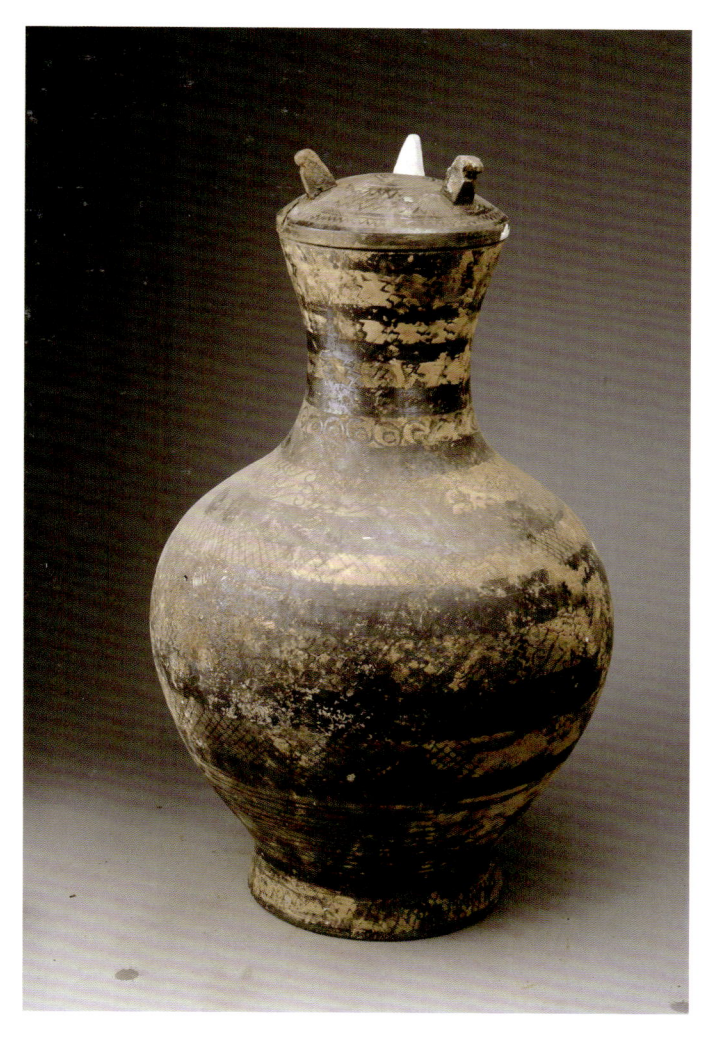

陶壶 东周
2017 年郑州市民公共文化服务区出土

陶鼎 东周
2017 年郑州市民公共文化服务区出土

陶盒 东周
2003 年郑州南阳路家世界出土

陶豆 东周
2017 年郑州市民公共文化服务区出土

陶壶 东周
2003 年郑州南阳路家世界出土

铜带钩 东周
2001 年郑州锅炉厂出土

陶壶 东周
2008 年郑州信和普罗旺世出土

铜剑 东周
2008 年郑州信和普罗旺世出土

八、秦汉时期

秦汉时期，郑州地区作为秦汉王朝以"关中制关东"的军事前沿阵地和关中地区向东水路、陆路交通运输的枢纽，以荥阳为中心，在军事、经济、文化等领域发挥了重要作用。荥阳故城、汉霸二王城、成皋城、官渡古战场等一次次见证了中原大地上的硝烟四起、群雄逐鹿，古荥汉代冶铁遗址不仅是大汉王朝的冶铁中心，也是目前世界上发现的时间最早、规模最大、保存最完整的冶铁遗址。

郑州地区中小型汉墓遗存证明了在"汉制"形成过程中，关中地区、郑洛地区、苏鲁豫皖交界地区、南阳鄂北地区发挥过重要作用。郑州地区发现的空心砖墓及在其基础上发展起来的画像砖墓，无疑是在复杂多样的汉代墓葬体系中所贡献的郑州智慧。

秦汉至唐宋时期展厅

荥阳故城

荥阳故城位于郑州市惠济区古荥镇。"荥阳故城"的记载最早见于郦道元的《水经注》，故城因处于水陆交通的中心而兴起，不仅是韩国连接大河南北的咽喉之地，而且是鸿沟大运河的起点，秦统一战争、楚汉战争的军事争夺地。故城南北长约2000米，东西宽约1500米，城墙周长7000余米。城外护城河宽30—38米，深6—8.8米。故城西城墙西侧约150米处为汉代河南郡辖下第一冶铁遗址——古荥汉代冶铁遗址。

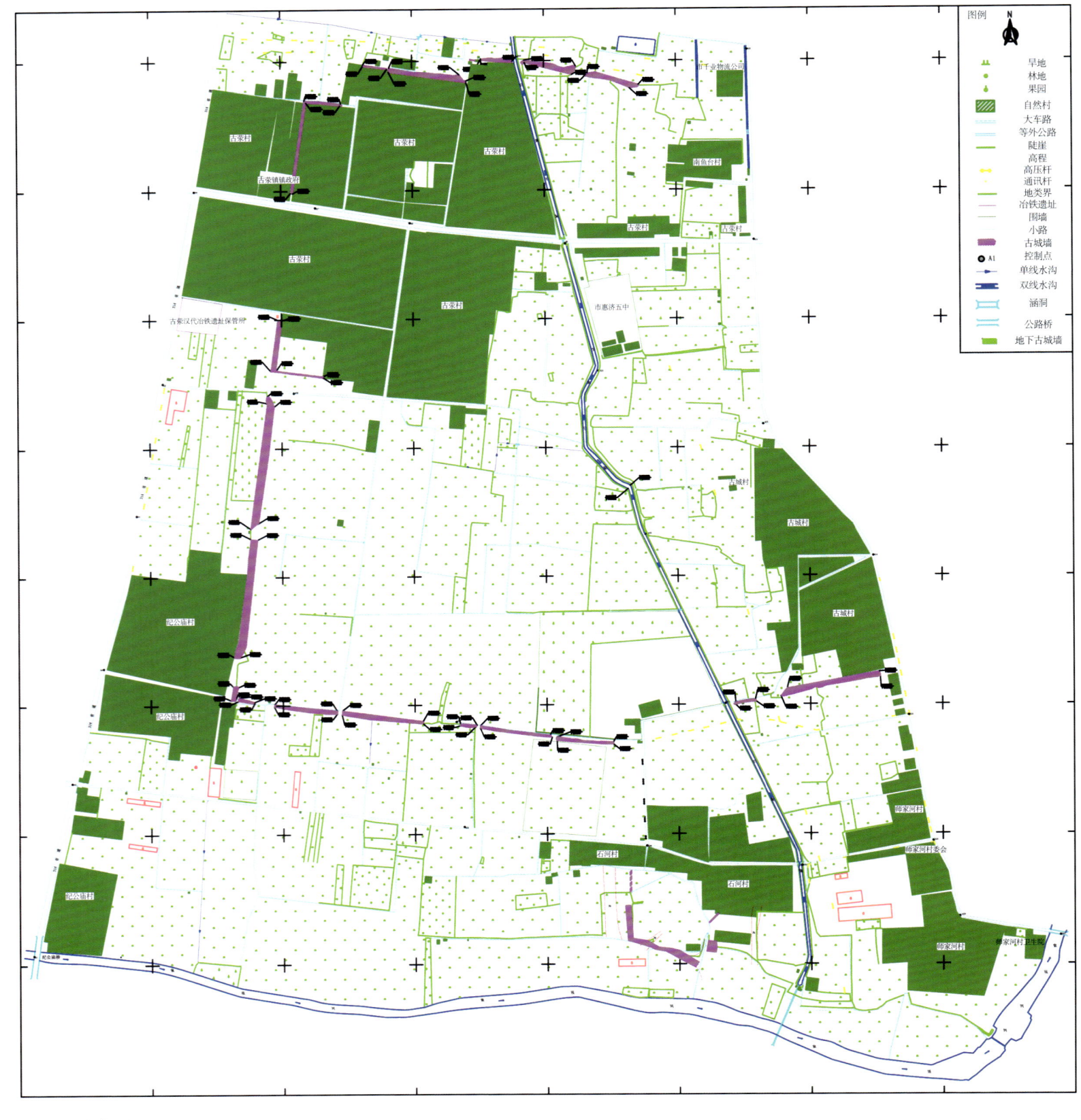

荥阳故城实测图

郑州古荥汉代冶铁遗址北依邙山，山北临黄河，位于荥阳故城西城墙外。该遗址于 1965 年被发现，1966 年试掘，遗址南北长 400 余米，东西宽 300 余米，面积约 12 万平方米。1975 年郑州市博物馆在遗址的东北部面积达 1700 平方米的发掘范围内，共清理炼铁炉炉基 2 座，在炉基周围清理出重要遗迹，其中积铁 11 块、水井 1 眼、水池 1 个、船形坑 1 个、

荥阳故城西城墙

荥阳故城西城墙中段南侧剖面

荥阳故城发掘现场遗迹图

四角柱坑 1 个、窑 13 座及矿石堆、炉渣堆等；另出土一批耐火砖和铸造铁范用的陶模，还有铁器 318 件和陶器 380 余件。2015 年 8 月至 2016 年 6 月，为配合荥阳故城遗址公园建设，郑州市文物考古研究院与郑州市古荥汉代冶铁遗址博物馆对冶铁区南部进行了考古发掘，共揭露面积 1250 平方米，清理遗迹 5 处，分别为东西并列的长廊型房基 2 座、水井 1 眼、窑址 1 座、水池 1 个，另对 1975 年发掘的船形坑进行了复挖和解剖。50 余年来开展的调查、勘探和发掘工作为深入了解冶铁遗址功能区分布、冶铸工艺流程、冶铸技术水平、遗址的时代与性质等提供了珍贵的实物资料。

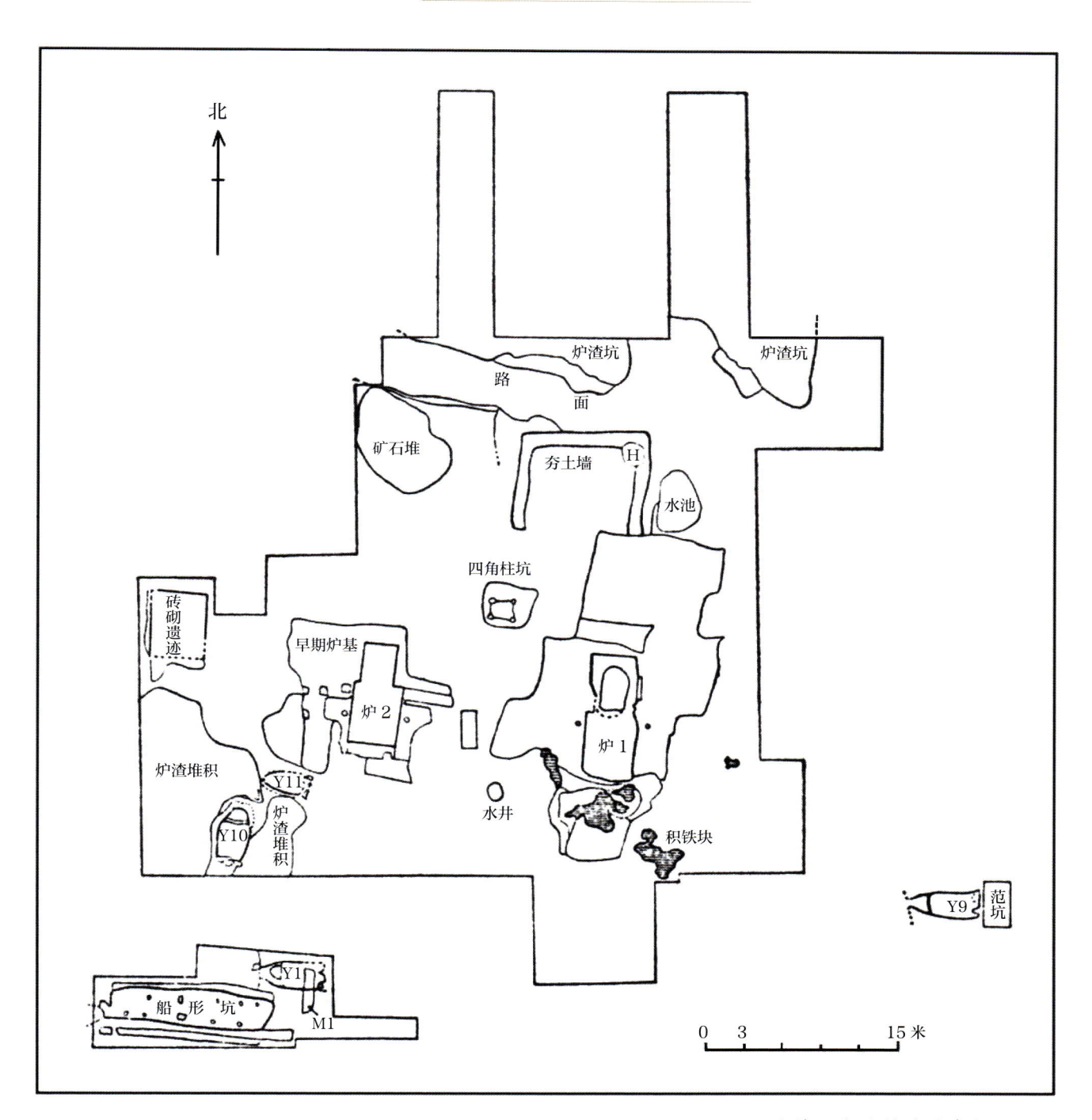

古荥汉代冶铁遗址发掘平面图

古荥汉代冶铁遗址积铁块

古荥汉代冶铁遗址出土"河一"铭文铁铲（T8∶12）

古荥汉代冶铁遗址出土的积铁

苑陵故城

苑陵故城位于郑州航空港经济综合实验区龙王村西北部。文献记载，秦王政十七年（前230），秦灭韩；二十六年（前221），置苑陵县，属颍川郡。汉承秦制，苑陵县属司隶部河南郡。苑陵故城分为内外两城，外城为制城，内城为苑陵城。内城平面呈长方形，东西长1260米，南北宽800米，面积约100万平方米。试掘表明，苑陵故城内城始建于战国，兴盛于秦汉。

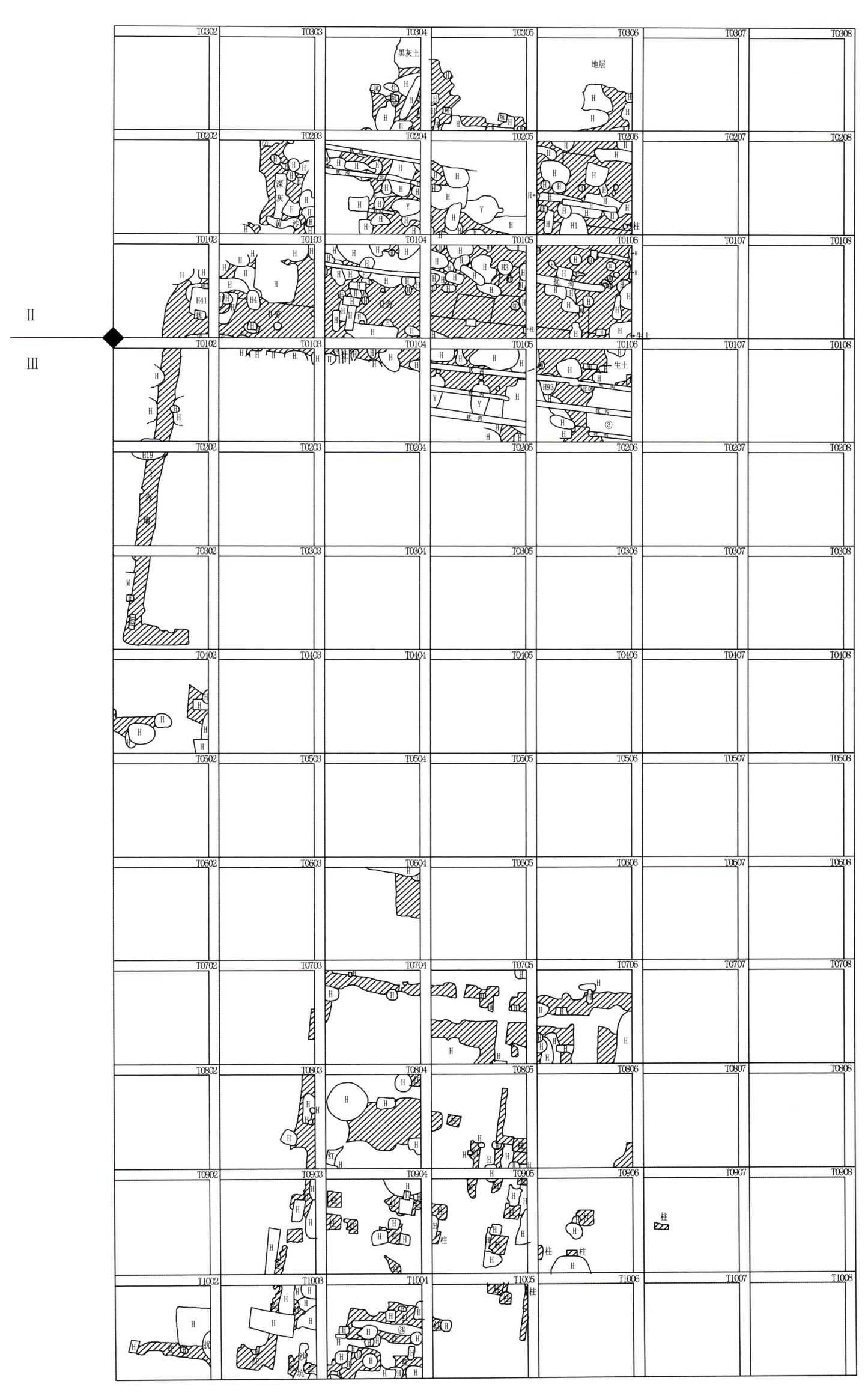

苑陵故城夯土建筑分布图（含探方）

苑陵故城北城墙

苑陵故城出土铁钟

云纹瓦当

"苑"字纹瓦当

苑陵故城出土瓦当

汉霸二王城

汉霸二王城位于荥阳市东北约17千米的广武山上。西城为汉王城，刘邦所筑；东城为霸王城，项羽所筑。两城之间为项羽与刘邦订立盟誓、中分天下的"鸿沟"。现存的汉霸二王城，由于黄河的不断冲刷侵蚀，部分城墙已塌入河中。据2009年年初实测，残存汉王城东西长460米，南北宽190米，墙宽30米、高6—10米；霸王城东西长260米，南北宽340米，墙宽28米、高7—15米。

霸王城西北角城墙

鸿沟

汉霸二王城出土铜戈 　　　　汉霸二王城出土铜矛 　　　　"汉霸二王城"汉白玉碑

汉霸二王城

苌村壁画墓

苌村壁画墓位于荥阳市西北15千米的王村镇苌村村西约100米处。1994年10月墓葬被盗，荥阳市文物保护管理所、郑州市文物处和郑州市文物考古研究所得知消息后，对墓葬进行了调查及勘探工作。现存封土高出地表约10米，直径约57米。墓葬为正北向，砖石结构，分别由甬道、前室、东侧室和3个后室组成，全为拱顶。墓葬南北长约17米，东西宽约20米，高约5米。墓内壁画保存较好的部分约100平方米，内容包括楼阙庭院、车马出行、人物故事、珍禽异兽、乐舞百戏等。

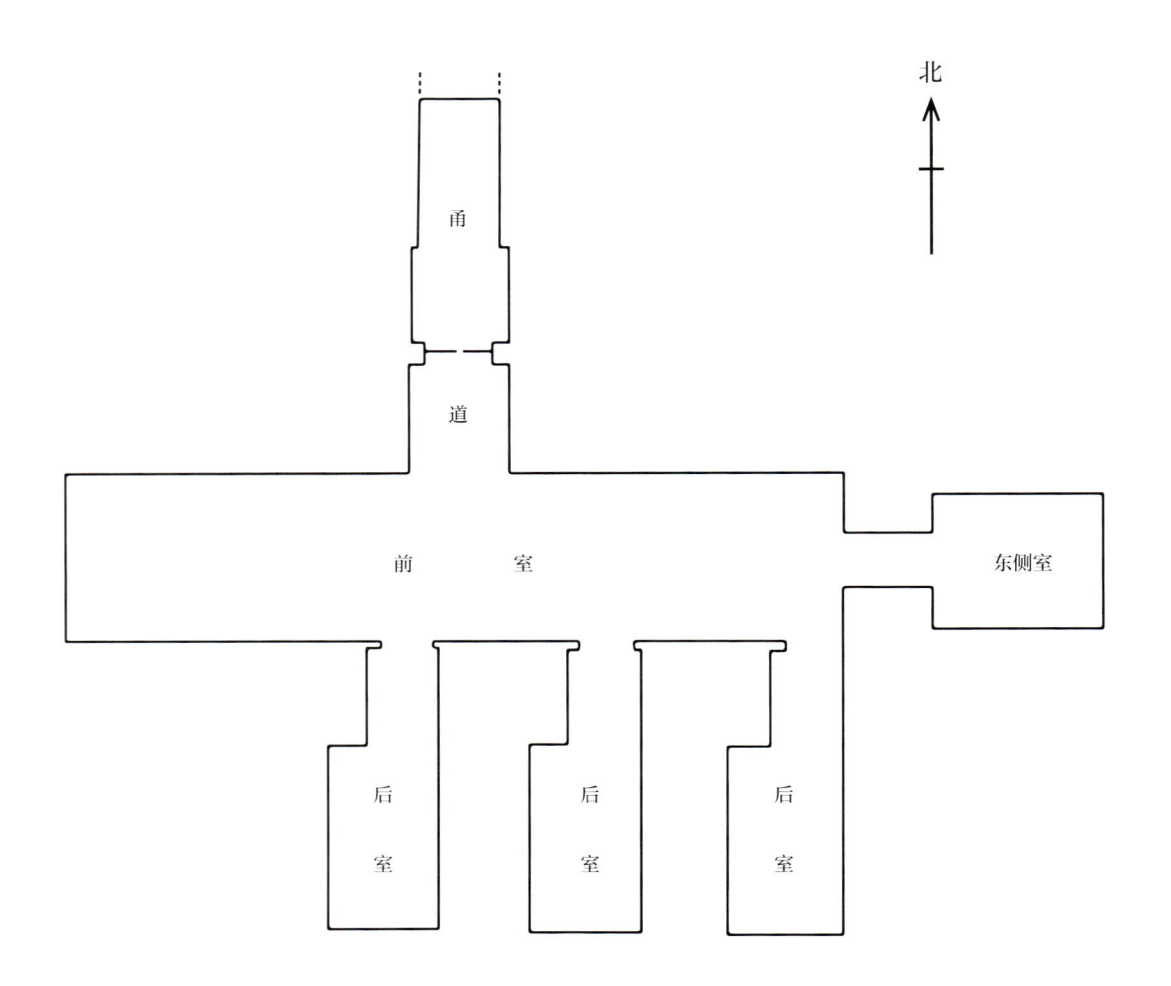

苌村壁画墓平面示意图

苌村壁画墓前室壁画

骑吏护卫主车

皂盖朱左幡轺车

斧车

骑吏护卫主车

苌村壁画墓内壁画《车马出行图》局部

打虎亭汉墓

打虎亭汉墓位于新密市城西约6千米的打虎亭村。墓葬占地面积33000平方米，是我国目前已知规模最大的东汉墓，被中外专家誉为"中华东汉第一墓"。墓葬以1号墓和2号墓为中心，共发现汉墓11座，其1号墓、2号墓东西并列，一为画像石墓，一为壁画砖墓，规模之大，保存之完整，为汉墓中所罕见。

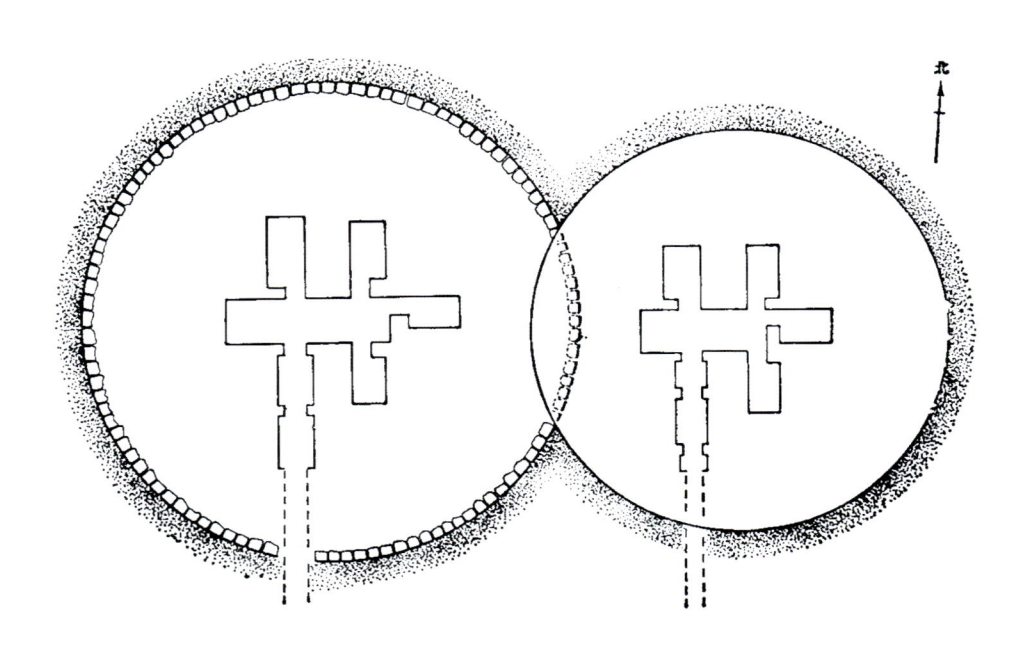

打虎亭汉墓1号（左）、2号（右）墓平面示意图

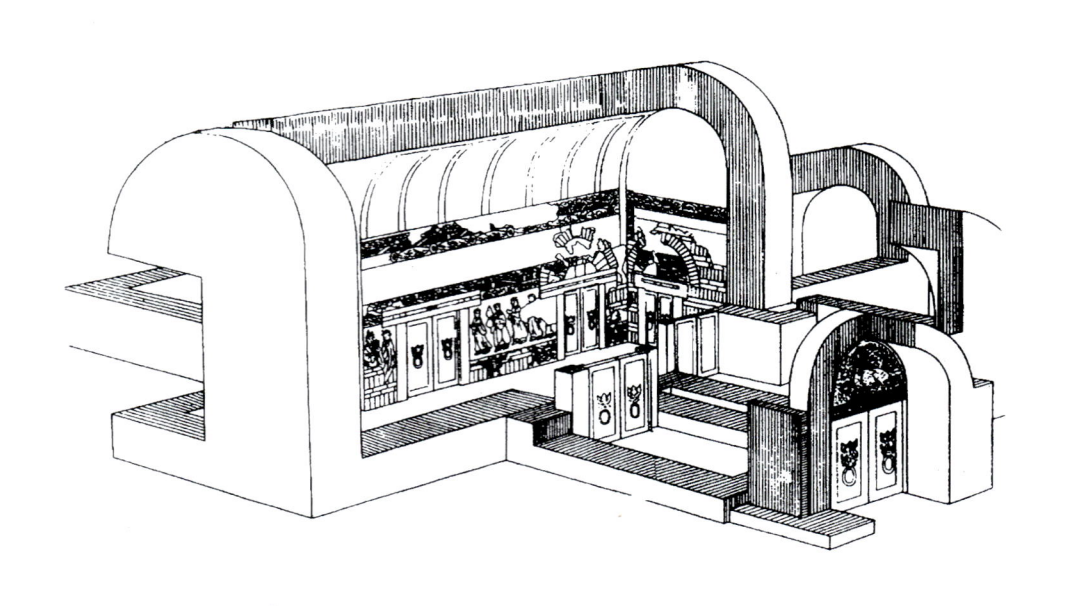

打虎亭汉墓1号墓墓室结构透视图

第二部分 郑州地区不同时期考古

打虎亭汉墓 2 号墓内景

相扑图

车马出行图

宴饮百戏图

打虎亭汉墓壁画局部

展厅展出其他秦汉时期文物

陶罐　秦汉
2001 年郑州市杂技馆出土

陶鼎　秦汉
1997 年郑州九洲城出土

陶蒜头壶　秦汉
2001 年郑州市杂技馆出土

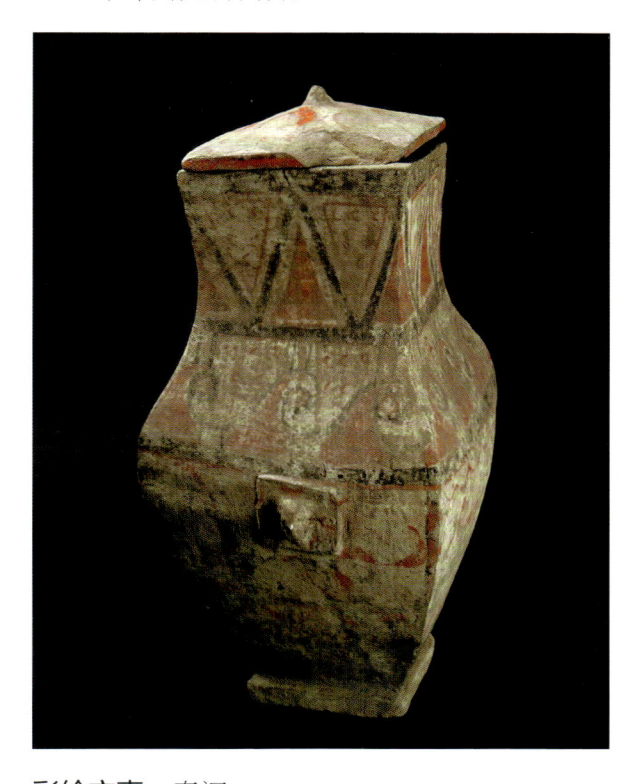

彩绘方壶　秦汉
1997 年郑州九洲城出土

陶仓　秦汉
2001 年郑州清华·紫光园出土

陶仓　秦汉
2001 年郑州清华·紫光园出土

陶壶　秦汉

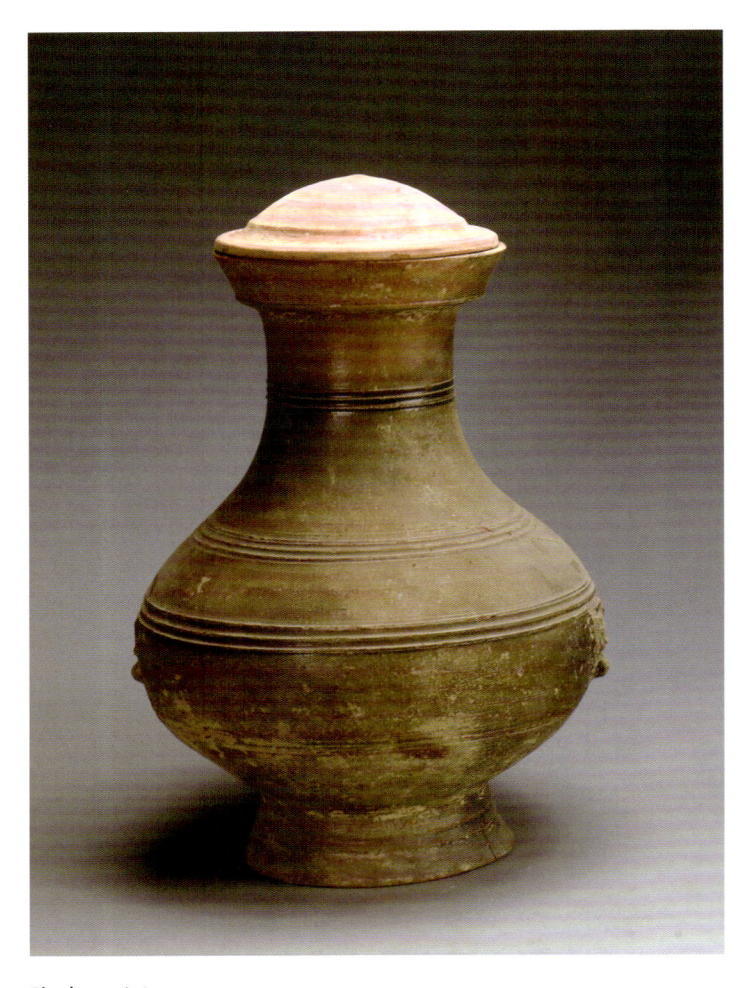

2001年郑州清华·紫光园出土

陶灶　秦汉

2001年郑州清华·紫光园出土

陶罐　秦汉

2001年郑州清华·紫光园出土

陶壶　秦汉

2001年郑州清华·紫光园出土

陶鼎　秦汉

2001年郑州清华·紫光园出土

陶磨 秦汉
2001年郑州清华·紫光园出土

陶博山炉 秦汉
1989年郑州郑纺机油库出土

铜熏炉 秦汉
2001年巩义新华小区出土

日光铜镜 秦汉
2008年荥阳中原国际小商品城出土

陶奁 秦汉
2001年巩义新华小区出土

陶鸡　秦汉
2001年巩义新华小区出土

陶狗　秦汉
2001年巩义新华小区出土

陶猪　秦汉
2001年巩义新华小区出土

"君宜高官"铜镜　秦汉
1985年郑州周辛庄出土

"位至三公"铜镜　秦汉
1985年郑州周辛庄出土

九、魏晋南北朝时期

魏晋南北朝是中国历史上政权更迭频繁的时期。郑州地区作为曹魏、西晋、北魏都城洛阳的京畿之地，考古的主要收获有墓葬、瓷窑址和石窟寺等。

魏晋南北朝时期展厅

著名学者关于墓葬"汉制"与"晋制"的论述

汉制		晋制	
学者	观点	学者	观点
俞伟超	将西汉中期以后汉文化的主要特点归纳为4个方面：(1)家族墓地的兴起；(2)多代合葬一墓的新葬俗；(3)模拟庄园面貌的楼型明器的发达；(4)墓室壁画和画像石所反映的"三纲五常"的道德规范和"天人感应"的世界观。	齐东方	与汉制相比，晋墓的变化包含三种关键性内容。其一，"不封不树"与丧葬观念的转变，取消了墓上立祠堂、石碑、石表、石兽的做法。其二，墓葬形制逐渐以方形单室墓为主。其三，俑群组成的仪仗成为随葬品的核心组合。
赵化成	"周制"以礼器为核心组合，"汉制"则以成套模型明器组合为最大特点。前者是在土地公有制度下，为维系宗族内部团结而形成的特定组合；后者则是在土地私有制度下，家庭财产私有化的一种直接反映。随葬品核心组合的不同折射出两种社会结构的本质差别。	韩国河	晋制包括两方面内容：其一为行汉俗无改；其二为创新之举。在行汉俗无改方面，有招魂葬、挽歌送葬、鼓吹助丧、法赙、沿用"故事"、持节护丧、祭墓、立碑、行五服之制三年之丧、会葬、归群等；在创新之举方面有不封不树之制，有新故事的产生，有凶门柏历之制及墓葬形制演变的单室化等。
韩国河	汉代丧葬制度来源有三：承周制、承秦制、融楚制。在考古材料上的反映是：1.墓域制度方面，主要是出现家族墓。2.封树制度，主要指封土、墓碑、祠堂、墓阙、石像生之制。3.正藏与外藏椁制度。4.棺椁制度，主要承周制，但不断简化。5.明器制度。6.墓葬形制：竖穴墓道向斜坡墓道发展，单室向多室发展，土圹向洞室发展，券顶向穹隆顶发展。	吴桂兵	在墓葬形制方面，晋制仅有前后室墓(前后室间有明显过道)、方形单室墓、长方形单室墓等，而汉制墓形丰富，不仅有前后室墓(前后室间无明显过道)，而且有前中后三室墓、横前堂墓等。晋制耳室消失，汉制多耳室，以作为外藏椁，从这个意义上来说，汉代的外葬椁制度已经崩溃。 汉制墓葬多室，多见一墓埋葬数代，晋制墓室单一，偶见附有一侧室；晋制墓形不仅简单，多为单室，而且一些规模较大的墓葬多为土藏。在随葬器物组合方面，晋制的陶质模型明器和陶质生活器具还保留了汉制的传统，此两类器物组合也是汉制的基本组合，但是在具体组成器类上发生了变化。在生活器具组合中，晋制出现了一套新器物群，如空柱盘、方形多子槅、四系罐、釉陶小罐等；汉制有釉陶器组合、车马器等，晋制不见；汉制有说唱俑、楼阁、贴塑多枝灯等，晋制不见，但新出现了武士俑、侍俑、镇墓兽、牛车等典型器物。
黄晓芬	横穴式墓代替传统的竖穴式椁墓是汉墓成立的核心标志。具体表现为：1.墓葬本身从竖穴变为横穴式，即进出墓葬的方向由纵向变为横向。2.墓室空间的扩大，由椁内空间的开通到椁消失，出现高大的拱顶、券顶，直至出现穹隆顶。3.祭祀空间的确立。4.方坟向圆坟的转化。5.有意识地安排随葬品的摆放位置。6.仓、灶、井、厕的模型明器组合。		

北魏尹平墓

北魏尹平墓位于荥阳市豫龙镇槐西村村南。墓葬平面呈"甲"字形，由墓道、封门、甬道、墓室、耳室五部分组成，出土随葬品52件（套）。根据墓志可知，墓主人为"尹平"，下葬年代为533年。

北魏尹平墓出土陶俑与陶骆驼

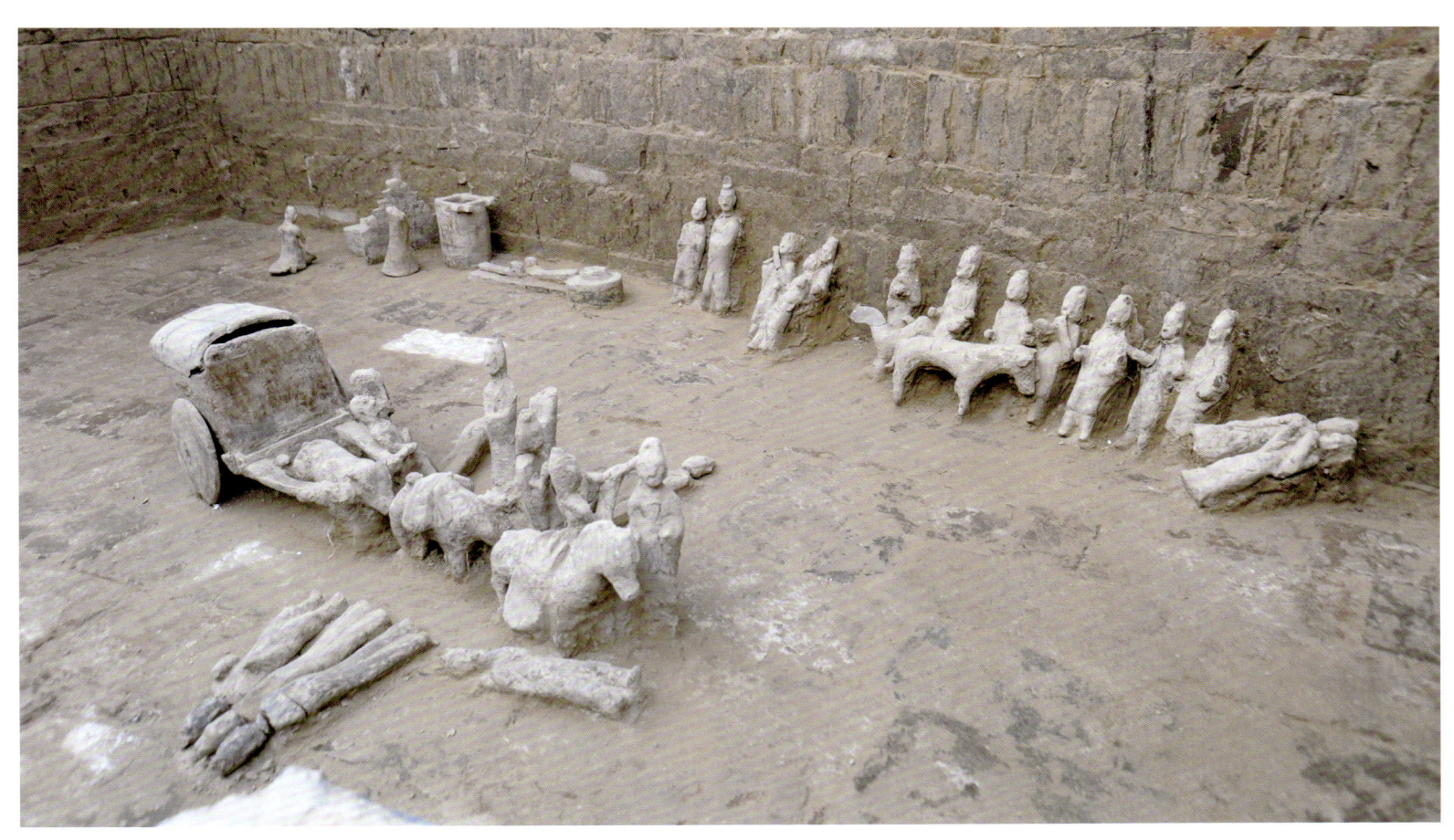

北魏尹平墓出土文物

巩义芝田晋墓群

巩义芝田晋墓群位于巩义市芝田镇西侧、北侧、南侧河旁台地上。自 20 世纪 80 年代起，郑州市文物考古研究所（院）对其进行了多次发掘，共计发掘晋代墓葬 36 座，墓葬以南北向为主，均为土洞墓，多带有长斜坡墓道。随葬品可分为四类：第一类为以碗、罐、双系罐、四系罐、耳杯等为代表的陶容器；第二类是陶质庖厨模型及动物俑；第三类是陶人俑；第四类是其他类，包括铜簪、铜镜、铜镯、铜钱、盾牌、帐座、多子槅等。

巩义芝田晋墓群出土男侍俑 　　巩义芝田晋墓群出土武侍俑

巩义芝田晋墓群 M79 出土铭文砖拓片

展厅展出其他魏晋南北朝时期文物

陶马 西晋
1998 年郑州上街水厂出土

陶灶 西晋
1998 年郑州上街水厂出土

陶马 西晋
1998 年郑州上街水厂出土

陶碓 西晋
1998 年郑州上街水厂出土

陶牛 西晋
1998 年郑州上街水厂出土

陶多子盒 西晋
1998 年郑州上街水厂出土

"位至三公"铜镜 西晋
1998 年郑州上街水厂出土

陶熏炉 西晋
郑州上街长铝实业总公司出土

陶武士俑 西晋
郑州上街聂寨村一组出土

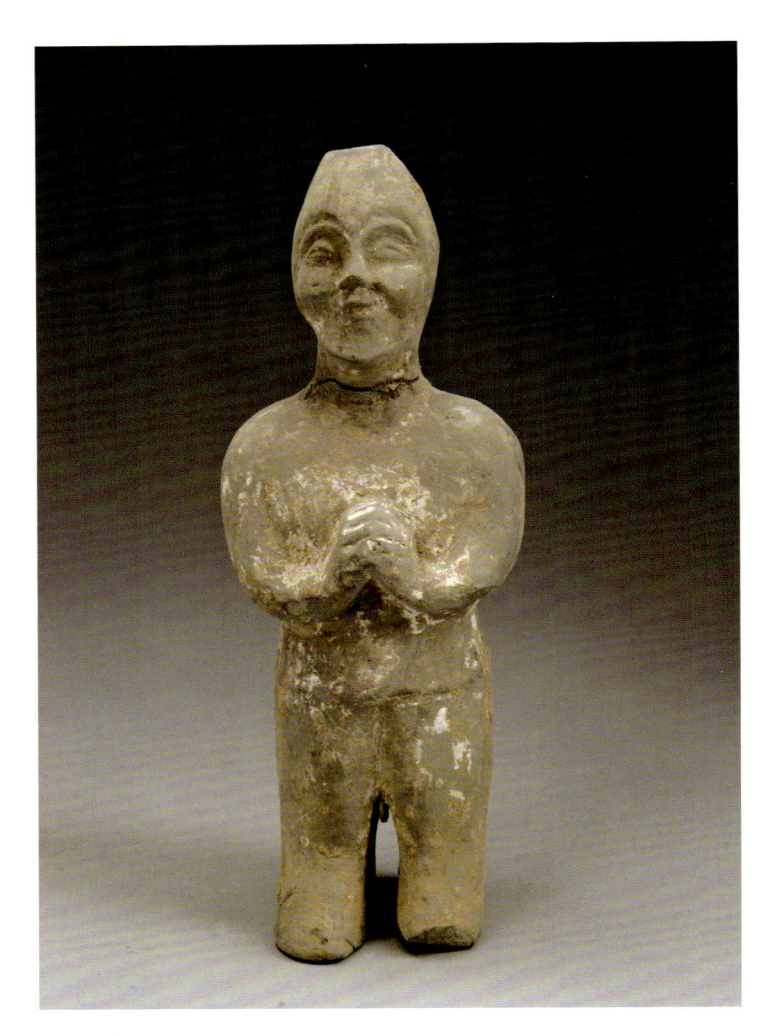

陶男侍俑 西晋
郑州上街房管局出土

陶磨 西晋
2001年巩义铝厂出土

陶帐座 西晋
2001年巩义铝厂出土

陶耳杯 西晋
2001年巩义铝厂出土

陶魁 西晋
2001年巩义铝厂出土

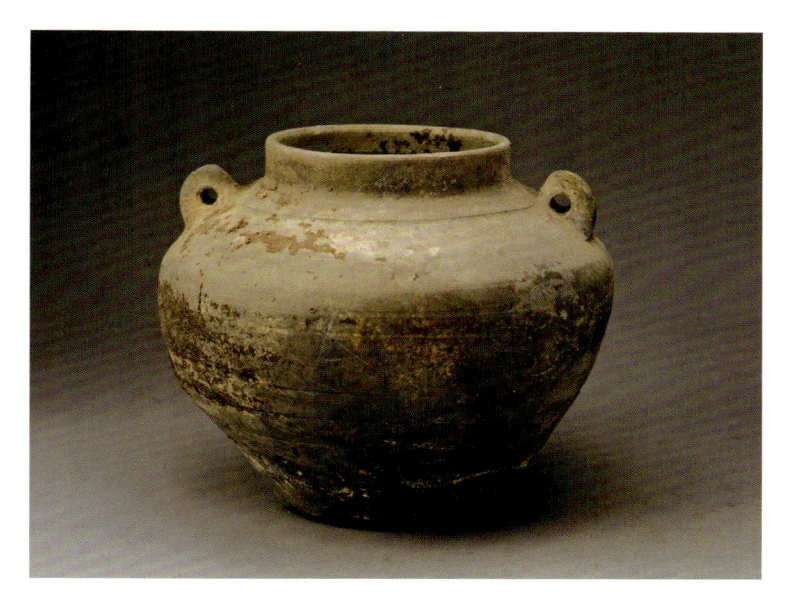

第二部分　郑州地区不同时期考古

陶罐　西晋
2001年巩义铝厂出土

陶盘　西晋
2001年巩义铝厂出土

陶狗　西晋
2001年巩义铝厂出土

铜砚滴　西晋
2001年巩义铝厂出土

陶猪圈　西晋
2001年巩义铝厂出土

铜熨斗　西晋
2001年巩义铝厂出土

十、隋唐两宋时期

郑州地处中原腹地，八方通衢，文化交流频繁，是中华文明发祥地之一。陶瓷业作为手工业的代表之一，是历史长河中的一朵奇葩。郑州地区迄今发现的瓷窑址主要分布在巩义市、登封市、新密市、荥阳市等地，发现的窑址有巩义黄冶窑、白河窑、铁匠炉窑、苇园窑、大峪东沟窑，登封曲河窑、郑庄窑、李家门窑、冶窑，荥阳茹固窑、翟沟窑，新密西关窑、窑沟窑等。

郑州市文物考古研究院历经多年的考古调查与发掘，在各类遗址和墓葬中出土了各窑口、各时期诸多陶瓷器珍品，尤以唐、宋时期白瓷、青花、三彩及珍珠地划花、刻花瓷器等为精。瓷器器型丰富，制作精美，工序繁杂，釉色莹润，具有较高的学术、艺术和社会价值。

青花瓷又称白地青花瓷，简称青花，是釉下彩的一种。青花瓷用含有氧化钴的钴矿料在瓷胎上绘画，然后上透明釉，经高温还原焰一次烧成，其蓝色花纹如玉般素净典雅，具有中国传统水墨画的艺术效果。

隋唐两宋时期展厅

郑州地区主要瓷窑窑址一览表

窑名	主要烧造时代	主要产品	窑址分布地点
白河窑	南北朝—唐	南北朝时期的青瓷、白瓷等；隋唐以烧制白瓷为主，有些堆积以碗、盘、罐类等为主；唐代三彩器；首次发现唐青花瓷片	巩义市北山口镇西泗河沿岸的白河村、水地河村
苇园窑	隋—宋	青、黑、白、黄釉瓷器，器型有碗、盘、缸、盆等	巩义市米河镇苇园村
黄冶窑	隋—金	唐三彩、唐青花	巩义市站街镇小黄冶村、紫荆路街道办事处大黄冶村
曲河窑	唐—清	北宋时期烧造的瓷器以白瓷为主，兼有黑瓷，珍珠地刻花装饰瓷器最为有名	登封市告成镇曲河村
茹固窑	隋—北宋	青、白、绿、黑釉瓷器，器型有盂、瓶、壶、注子、罐、盆、枕、碗、盘等	荥阳市广武镇茹固村
翟沟窑	隋—北宋中期	白釉、黄绿釉、茶叶末釉、青釉、黑釉瓷器，器型有盆、碗、碟、盘、壶、瓶、钵、盂、杯、豆、缸、铃等	荥阳市崔庙镇翟沟村
西关窑	晚唐—北宋初期	白、黑、青、酱、黄釉瓷等，典型器物有白釉瓷碗、白釉绿彩注子、黄釉席纹注子、青釉花边枕、珍珠地划花动物纹枕；宋三彩器，主要有香炉、枕和俑等	新密市老城西关
窑沟窑	五代—金	白瓷、黑瓷及黄釉瓷器，装饰方法有珍珠地划花和白底绘黑花，器型以碗、盆、罐、注子居多，其次有盘、瓶、灯、枕等	新密市大隗镇西南约3千米处

郑州市上街区峡窝镇唐墓M7全景

迄今最早的唐青花是在巩义白河窑和黄冶窑晚唐地层中发现的若干青花瓷残片。根据对唐代青花瓷产生所经历的"唐三彩—白釉蓝彩—唐青花"发展过程中的物质基础和技术演变规律的研究可知，郑州是青花瓷的故乡。唐代青花瓷远销东南亚等地，1998年在印度尼西亚勿里洞岛海域发现的一艘9世纪上半叶的"黑石号"沉船上，有3件完整的唐青花瓷盘。

目前，郑州市文物考古研究院现存的2件出土于郑州市上街区峡窝镇唐墓的带盖塔式青花瓷罐是国内最大的唐青花瓷器，属于巩义黄冶窑产地范围内。罐身所饰人物及花卉、"卍"字纹等图案，组成了一幅"净土变"佛画。

郑州市上街区峡窝镇唐墓出土带盖塔式青花瓷罐 M7∶3 及其罐身图案线图

印度尼西亚"黑石号"沉船中发现的青花盘

郑州市上街区峡窝镇唐墓出土带盖塔式青花瓷罐 M7∶4 及其罐身图案线图

扬州唐城遗址出土青花瓷片

扬州唐城遗址出土壶、盘、碗等青花瓷片

巩义白河窑

巩义白河窑遗址主要分布在巩义市北山口镇水地河村和白河村一带沿西泗河两岸的台地上，绵延10余里，总面积约100万平方米。2006年6月，巩义白河窑被国务院公布为第六批全国重点文物保护单位，与巩义黄冶唐三彩窑址统称为巩义瓷窑遗址合并保护。

巩义白河窑北魏时就烧造白釉瓷器、青釉瓷器等，唐代白釉瓷器烧造炽盛，器型有碗、罐、盆、瓶、盒、盘、执壶、茶托等，同时兼烧造黑釉、酱釉等瓷器。遗址出土遗物数量多，种类丰富，出土的唐代青花瓷器残片器型有圈足碗、葵口碗、套盒、枕等，三彩器有钵、灯、豆、盘、洗、瓶、罐、炉、枕及少量动物俑等。

巩义白河窑在中国陶瓷史上具有重要的历史地位。白河窑首次发现最早烧制白釉瓷器和青釉瓷器的窑炉及其产品，特别是白釉、青釉瓷器的同窑炉烧造，为探讨早期白瓷的起源及

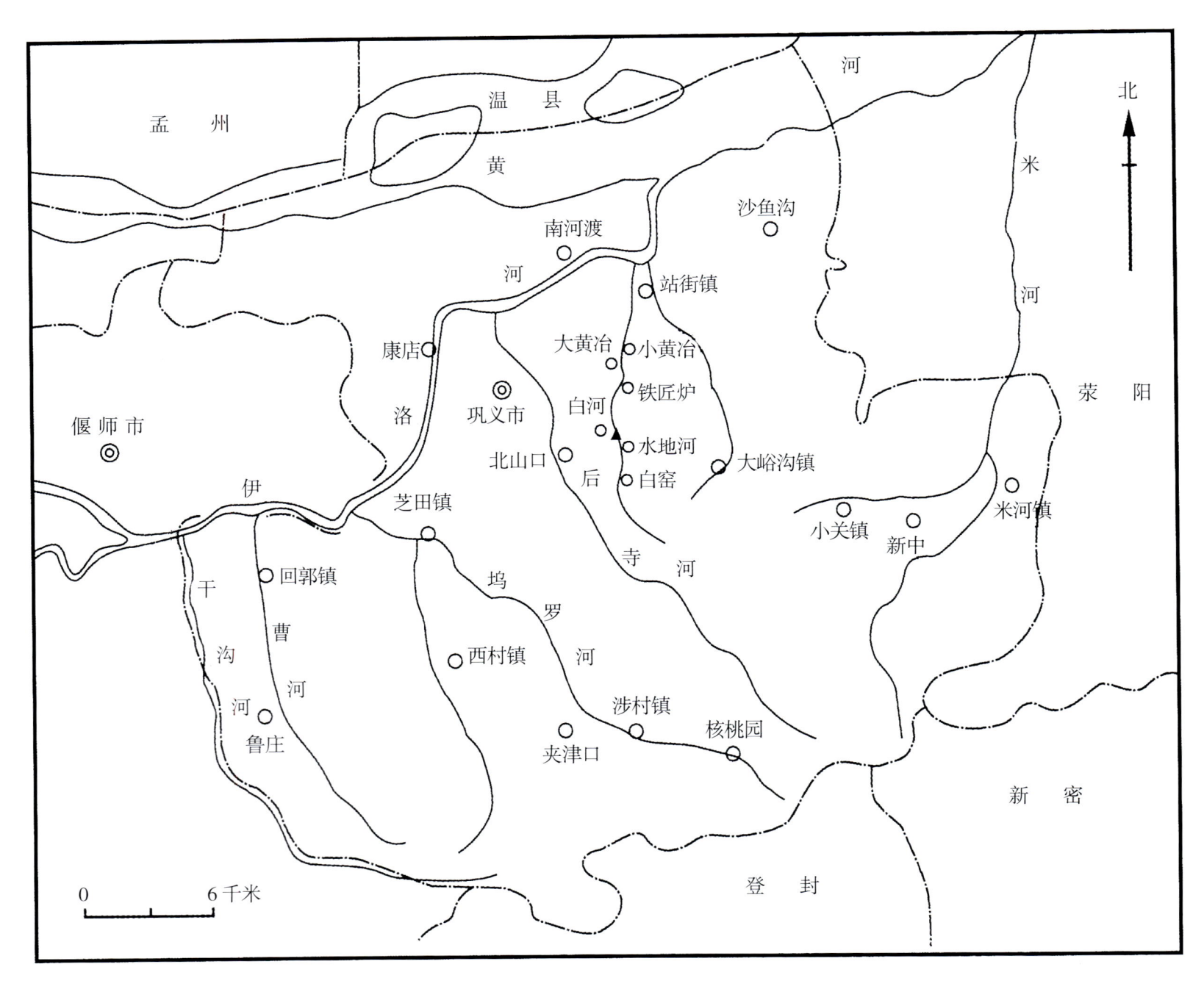

巩义白河窑位置图

演变提供了珍贵的实物资料；唐青花瓷器的出土从考古地层学上解决了唐青花瓷器的产地归属和年代等问题；白河窑唐代三彩器物的出土，扩大了唐三彩烧造范围，为河南及其周边地区唐墓出土的大型唐三彩器找到了产地；白河窑烧造的三彩器与日本奈良出土的唐三彩器类似，为唐三彩器的外销提供了珍贵的实物资料。

巩义白河窑北魏窑炉（三区 Y1）

巩义白河窑唐代窑炉（二区 Y1）

巩义白河窑出土唐代黑釉瓷执壶　　　　　　巩义白河窑出土唐代三彩鸭形盒

巩义白河窑出土唐代青花瓷片

中国大运河通济渠（郑州段）

中国大运河通济渠（郑州段）全长约 16 千米，现存索须河段和汴河遗址段。汴河遗址段从邙山北、黄河南岸引水南下，经惠济桥村、堤湾村，与索须河交汇。索须河段西起惠济区北部的丰硕桥，向东汇入贾鲁河。历史上通济渠是沟通中原与江南地区的重要漕运通道，南宋以后，通济渠逐渐湮没淤废。

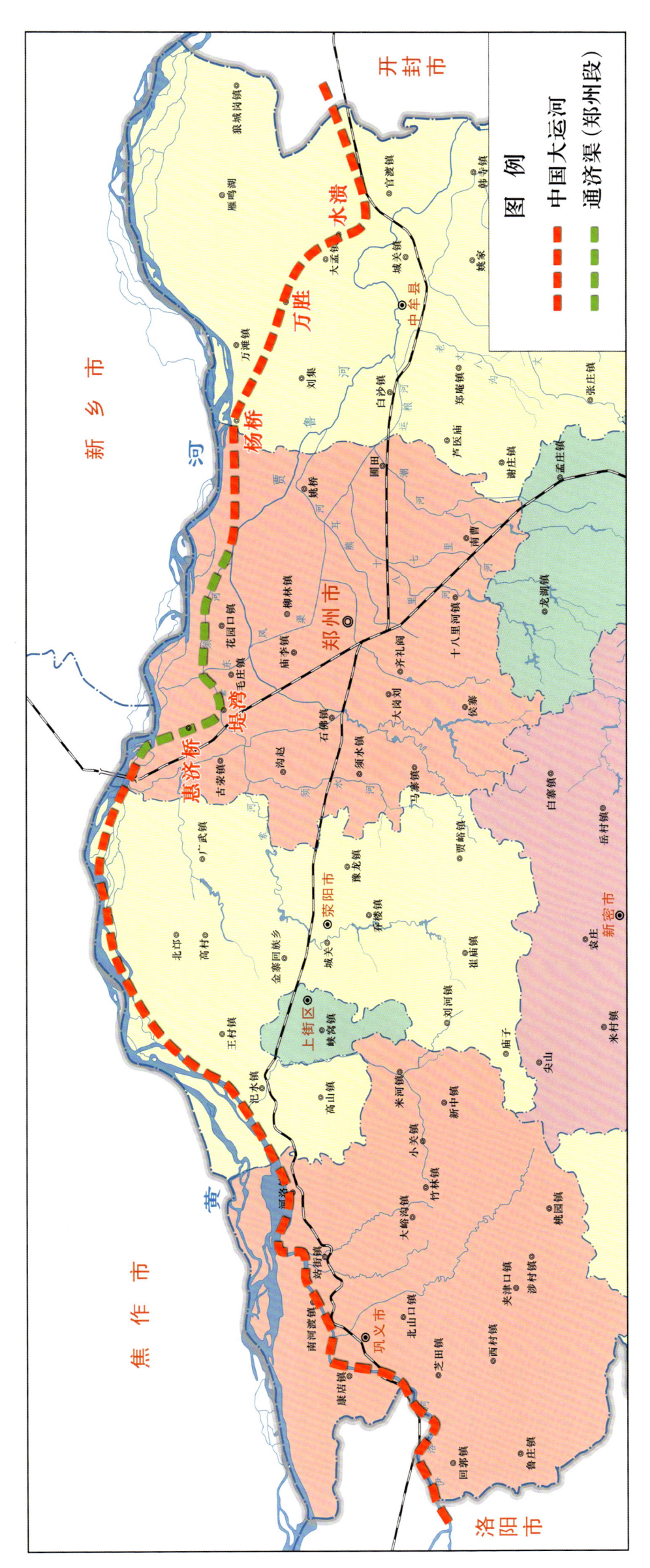

中国大运河通济渠（郑州段）示意图

通过对惠济桥和铁炉寨村河堤遗址的考古发掘可知，河堤基宽20米，河床宽200余米，出土遗物表明河道历经隋、唐、宋、元、明、清等不同时期，在维系国家统一、经济交流、文化交融等方面发挥了极为重要的历史作用。

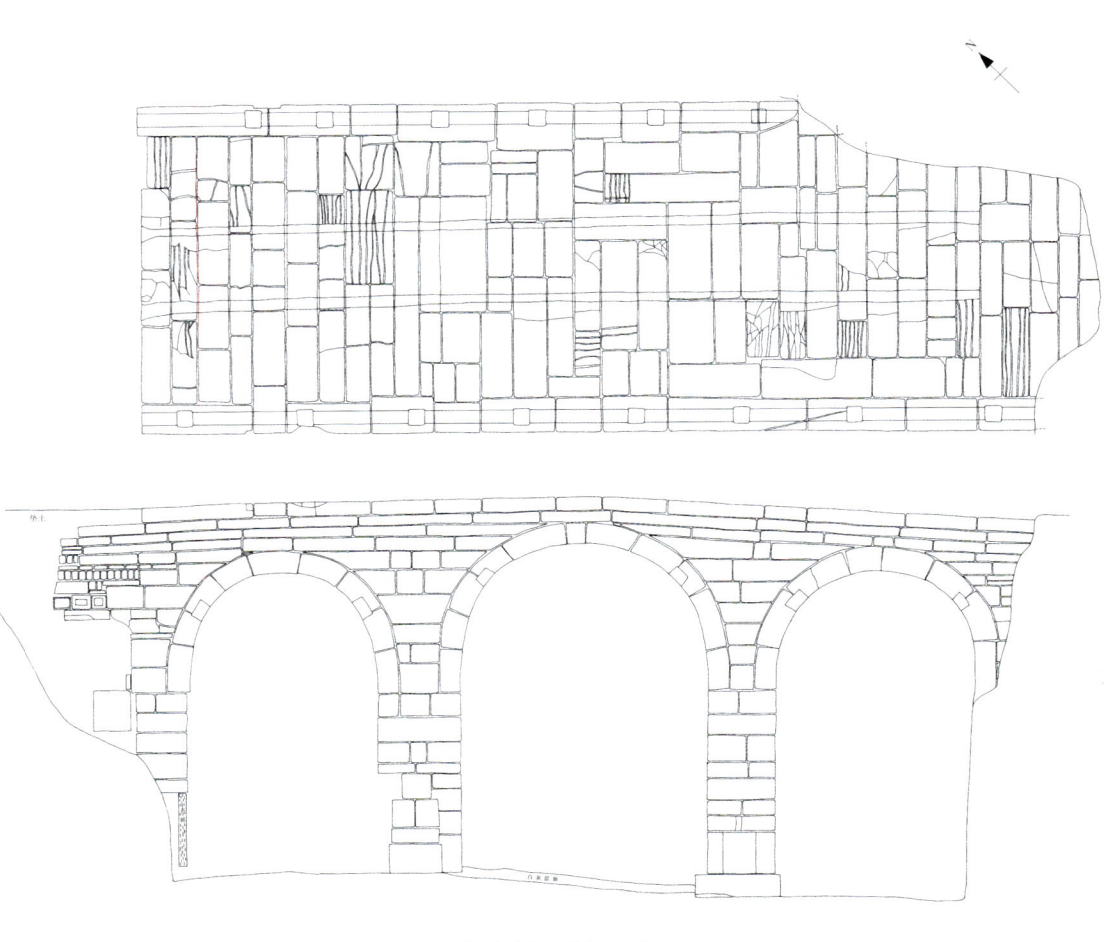

惠济桥平剖面图

惠济桥立面

乾隆《荥泽县志》中所载惠济桥

河堤发掘全景

惠济桥出土宋代双人俑

河堤上元代灰坑出土白地黑花碗

惠济桥出土唐代青黄釉瓶瓷片 　　惠济桥出土宋代青白釉碗瓷片 　　惠济桥出土金代白釉黑彩划花罐瓷片

惠济桥出土元代龙泉窑青釉高足杯瓷片

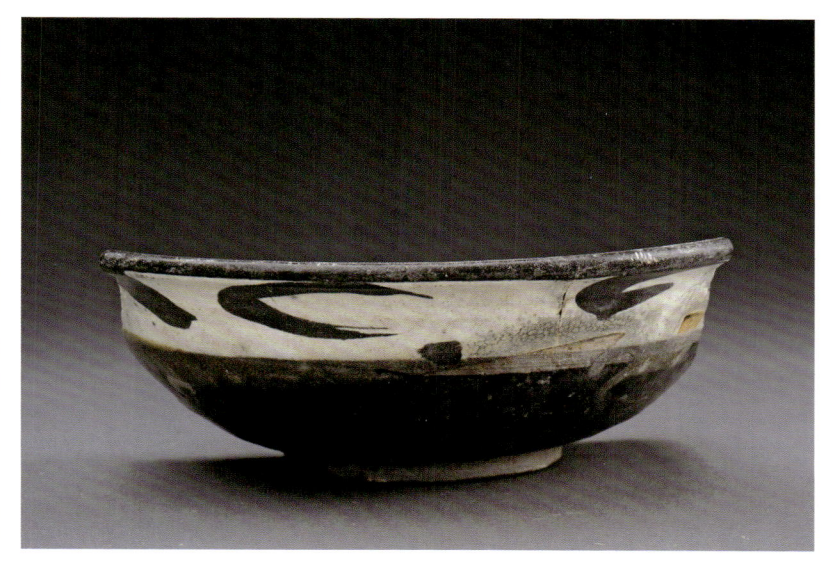

惠济桥出土元代白地黑花碗

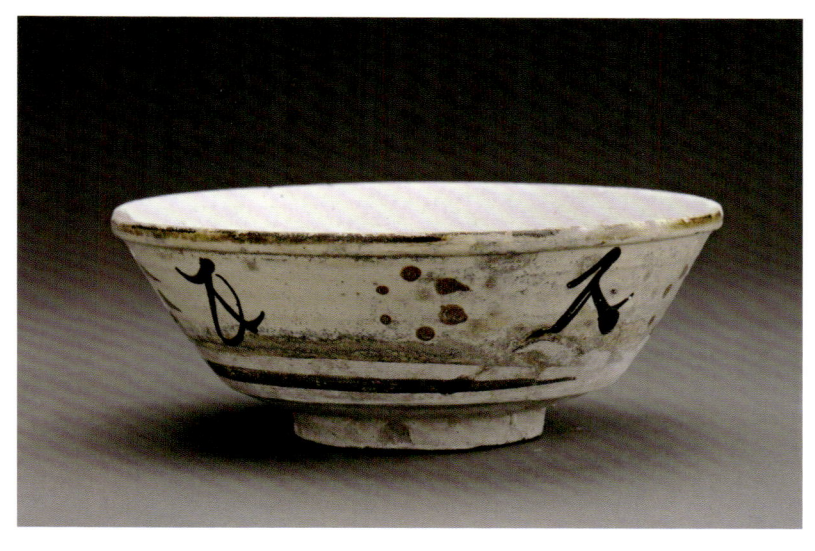

惠济桥出土明代白地黑花碗

惠济桥出土明代白釉碗

惠济桥出土清代青花碗瓷片

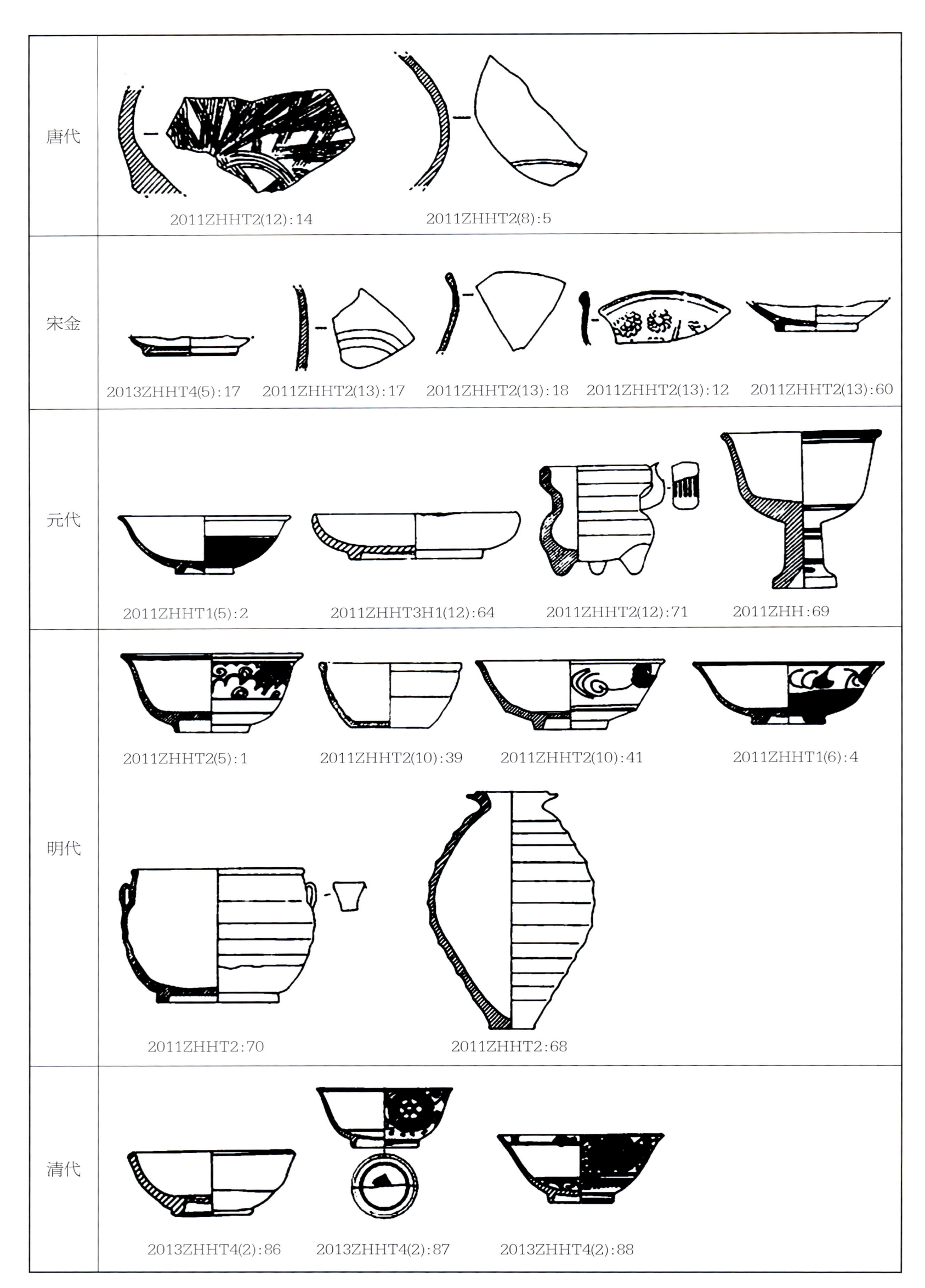

唐代	2011ZHHT2(12):14	2011ZHHT2(8):5			
宋金	2013ZHHT4(5):17	2011ZHHT2(13):17	2011ZHHT2(13):18	2011ZHHT2(13):12	2011ZHHT2(13):60
元代	2011ZHHT1(5):2	2011ZHHT3H1(12):64	2011ZHHT2(12):71	2011ZHH:69	
明代	2011ZHHT2(5):1 / 2011ZHHT2:70	2011ZHHT2(10):39 / 2011ZHHT2:68	2011ZHHT2(10):41	2011ZHHT1(6):4	
清代	2013ZHHT4(2):86	2013ZHHT4(2):87	2013ZHHT4(2):88		

中国大运河通济渠（郑州段）出土文物分期图

登封唐庄宋代壁画墓

"事死如事生"是中国古代社会丧葬活动的基本原则。墓葬作为"阴宅",其建筑营造、壁画雕刻、随葬物品等,体现了人们对死亡赋予的情感、希望等抽象、迷幻的生死观念。墓葬壁画既是世俗文化的展现,又是心灵信仰的表白,是现实世界里人们对另一个虚幻世界的幻象描绘。

郑州地区是我国发现壁画墓数量最多、时段跨度最长、壁画内容最为精美丰富的地区之一,尤以宋金时期最盛,登封唐庄宋代壁画墓就是其代表。一幅幅表现人间烟火的美好爱恋、对未来世界的憧憬向往等内容的壁画,人情味浓郁,反映了人们对于动荡、死亡不再恐惧,对生死观念的认知更趋于对当下生活的满足和对未来的期许,把生死的中转站转换为现实的欢乐场。

登封唐庄宋代壁画墓由墓门、甬道和墓室组成。墓室内满绘壁画,色彩鲜艳,绘画技法娴熟。画面内容以宴饮为主,生动描绘了墓主人生前奢华的生活。画面中人物刻画传神,服饰鲜明。壁画色彩有赭、红、黑、黄、绿、蓝等,纹样有花草、几何图案。

甬道西壁绘一人一马,人为男侍,双手斜持一未张开的伞盖,面南立;前立一马,首向南,横在壁画正中作自内向外出行状。东壁仍为一男侍,左手持置于左肩上的筐篮,筐篮内置满铜钱,面向北,作自门外进入墓门状,当为向墓主人贡纳钱物者。甬道顶部可见红、蓝、绿单朵卷云图案。

墓室下部有壁画5幅,主要反映墓主人日常生活场景,自西向东排列为备宴图、对饮图、妇女启门图、夫妇起居图及东南壁耳室门表面悬幔、垂帐的绘画。墓室上部有壁画6幅,主要反映当时社会上常见的佛家、道家、儒家超度及吊孝时的场景。墓室顶部施红彩绘覆莲图。

登封唐庄宋代壁画墓墓门

出行图（西壁）　　　　　　　　　　　　　　　进贡图（东壁）

登封唐庄宋代壁画墓甬道壁画

登封唐庄宋代壁画墓复原展示效果

登封唐庄宋代壁画墓墓室下部场景

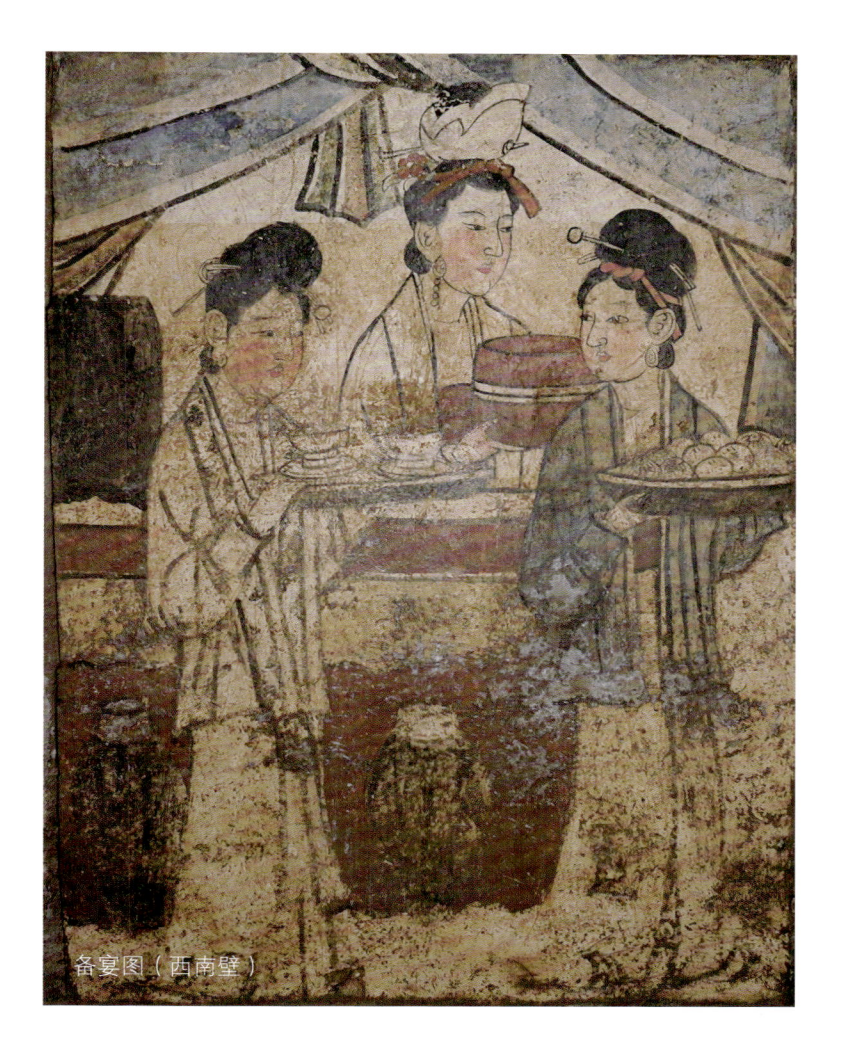

备宴图（西南壁）

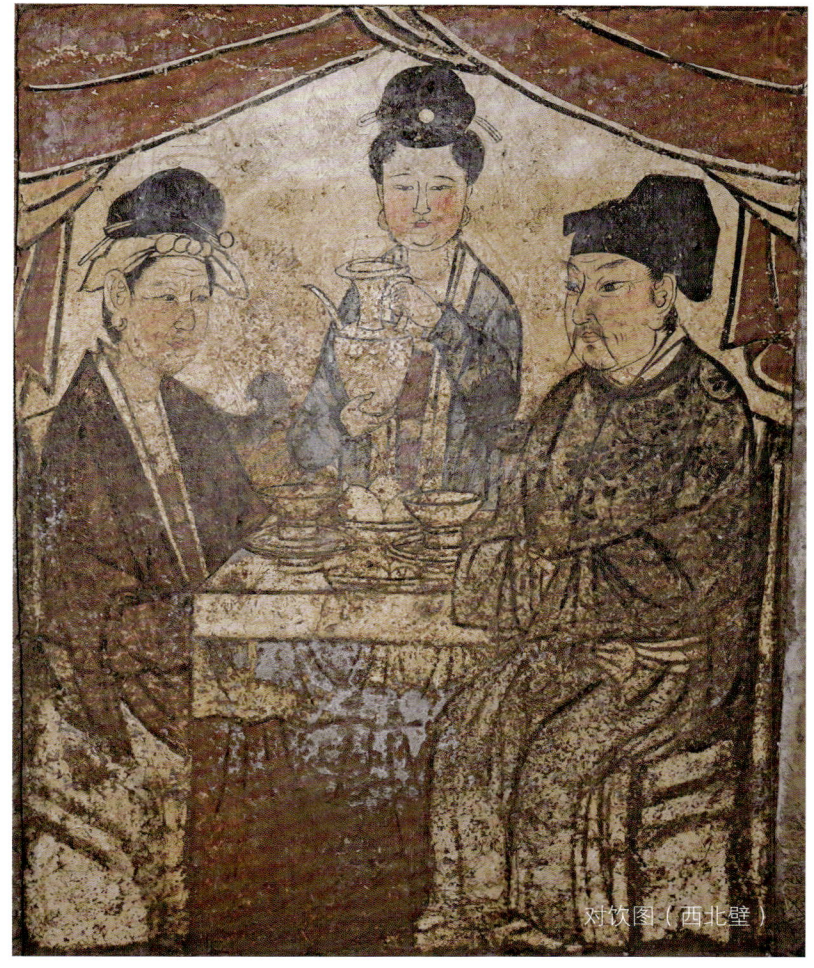

对饮图（西北壁）

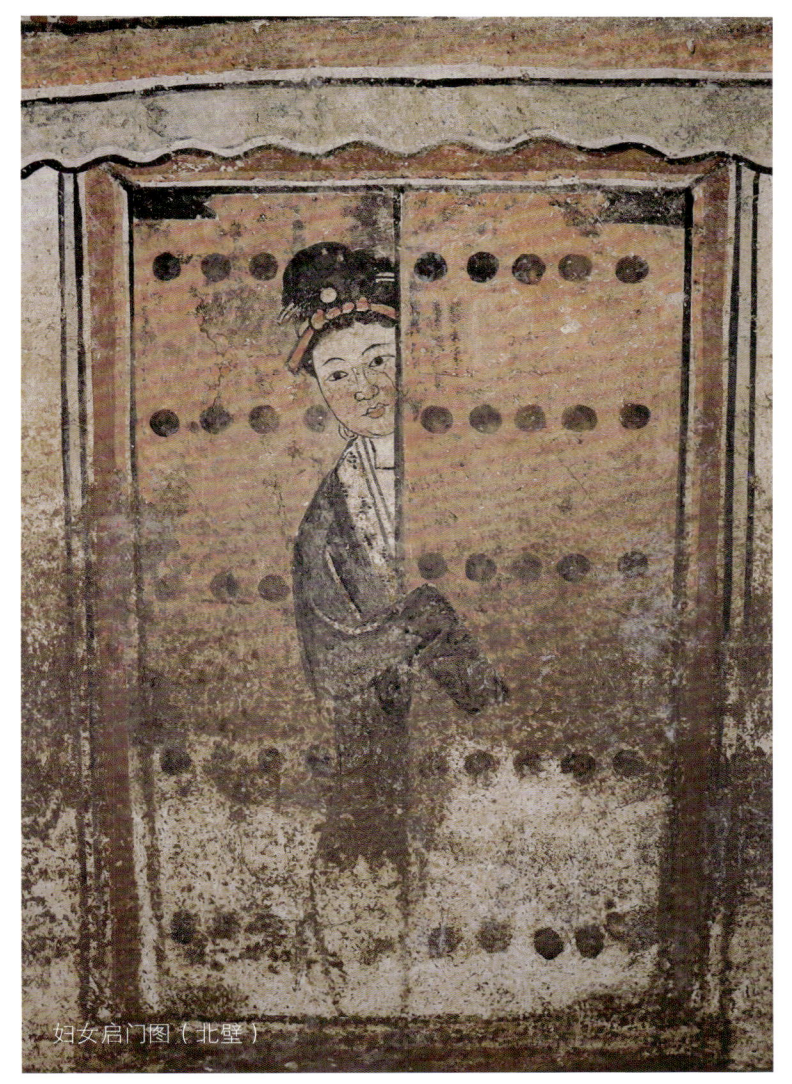

妇女启门图（北壁）

夫妇起居图（东北壁）

登封唐庄宋代壁画墓墓室下部壁画

登封唐庄宋代壁画墓墓室上部反映佛、道、儒超度场景的壁画

登封唐庄宋代壁画墓墓顶壁画

展厅展出其他隋唐两宋时期文物

三彩双龙柄尊 唐
1992 年巩义食品厂出土

三彩盏盘 唐
1992 年巩义食品厂出土

白釉瓷注 唐
1992 年郑州中原制药厂出土

白釉渣方 唐
2001 年郑州货站街电力机械厂出土

酱釉瓷盒 唐
2002 年郑州汝河路卧龙花园出土

白釉瓷罐 唐
2006年巩义新兴家园出土

瓷枕 唐
2009年郑州梁湖遗址出土

绿釉瓷炉 唐
2007年郑州岗杜村出土

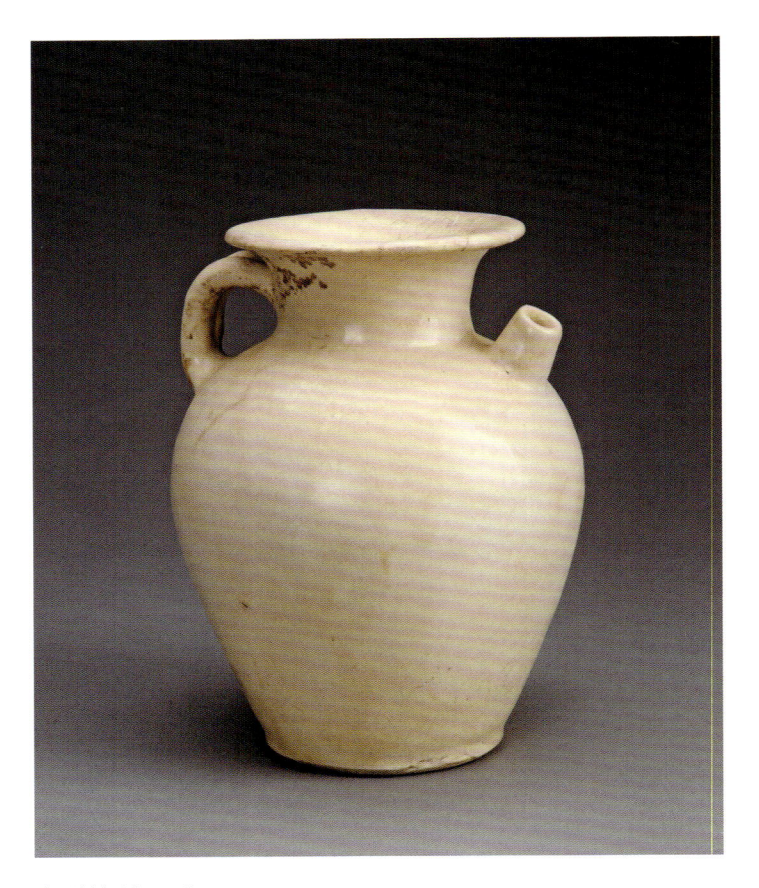

白釉瓷注 唐
2009年河南省化工学校出土

青釉瓷壶 唐
2006年河南天伦地产集团有限公司出土

三彩碗 唐
2006年郑州深国投旗舰店出土

白釉绿彩瓷盒 唐
2005年郑州中信小区出土

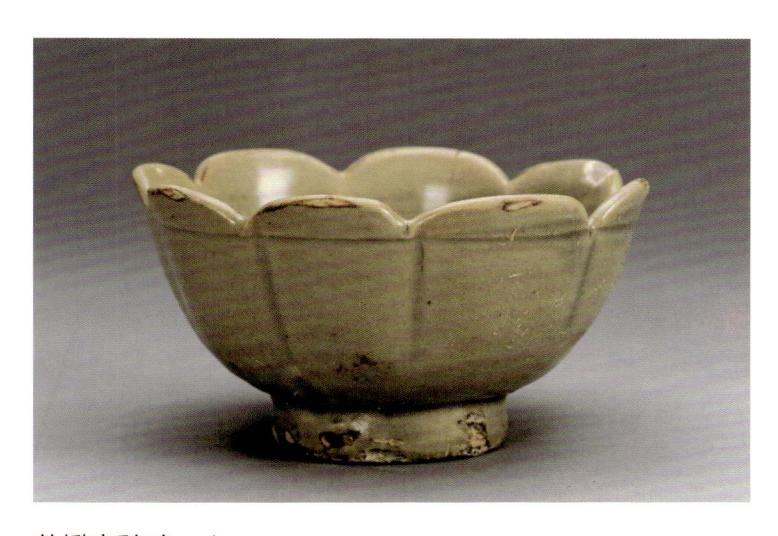

绿釉瓷注 宋
2006年郑州深国投旗舰店出土

莲瓣青釉碗 宋
2003年郑州中岳秀峰新天地出土

三彩花卉纹八角枕 宋
1996年上街常庄锅炉厂出土

三彩器盖 宋
2003年郑州中岳秀峰新天地出土

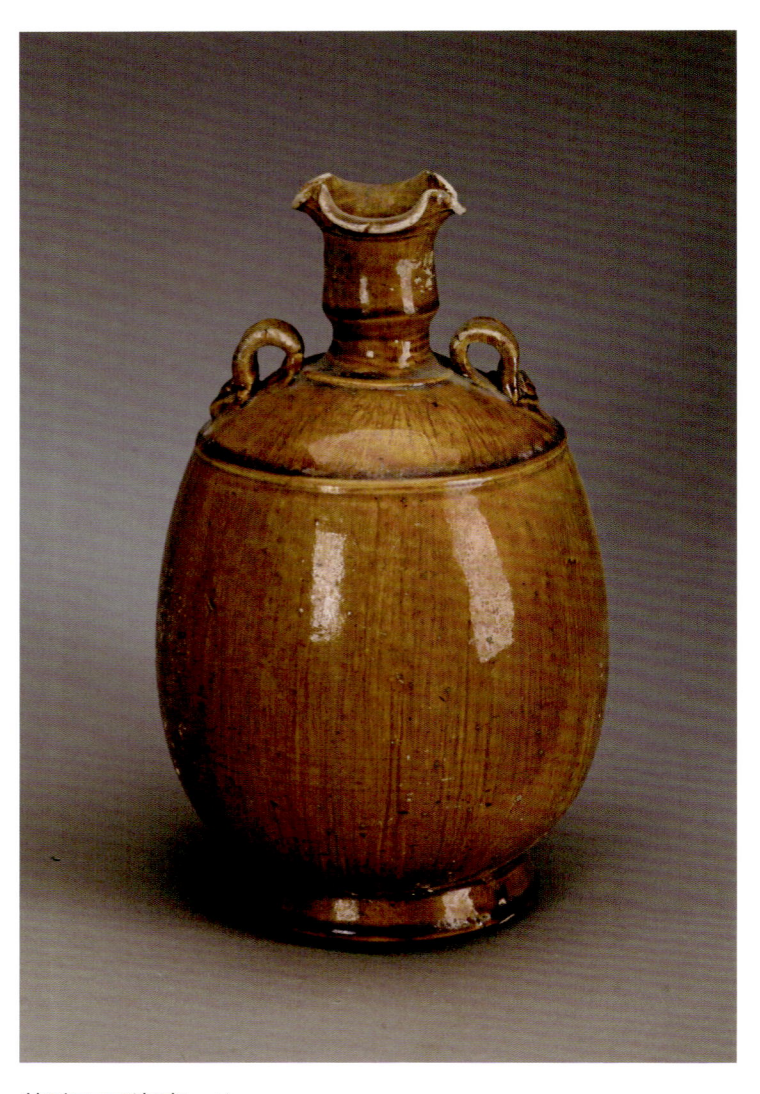

黄釉双系瓷壶 宋
2006年郑州深国投旗舰店出土

青釉瓷盏 宋
2007年郑州丹尼斯梦幻世界出土

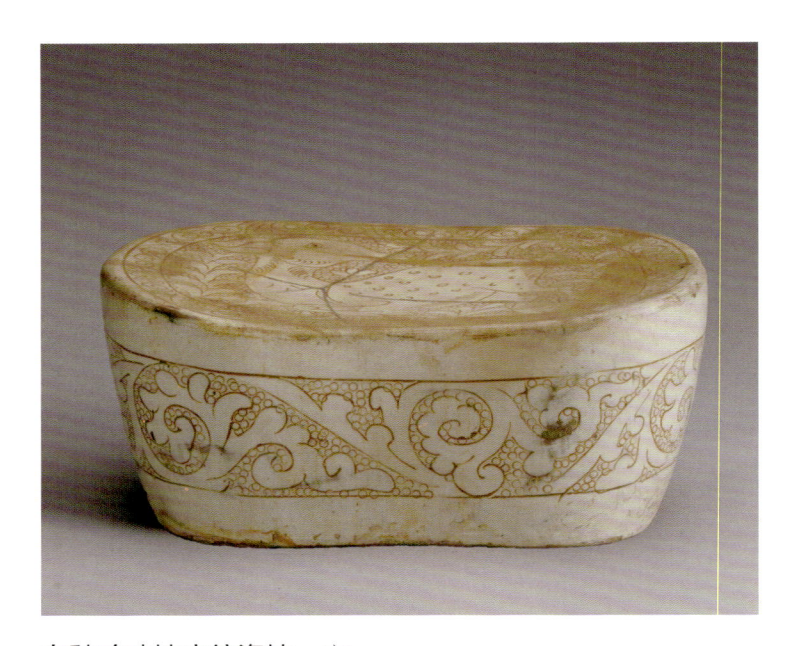

白釉珍珠地鹿纹瓷枕 宋
2007年郑州丹尼斯梦幻世界出土

花卉瓷枕 宋
2010年郑州印象城出土

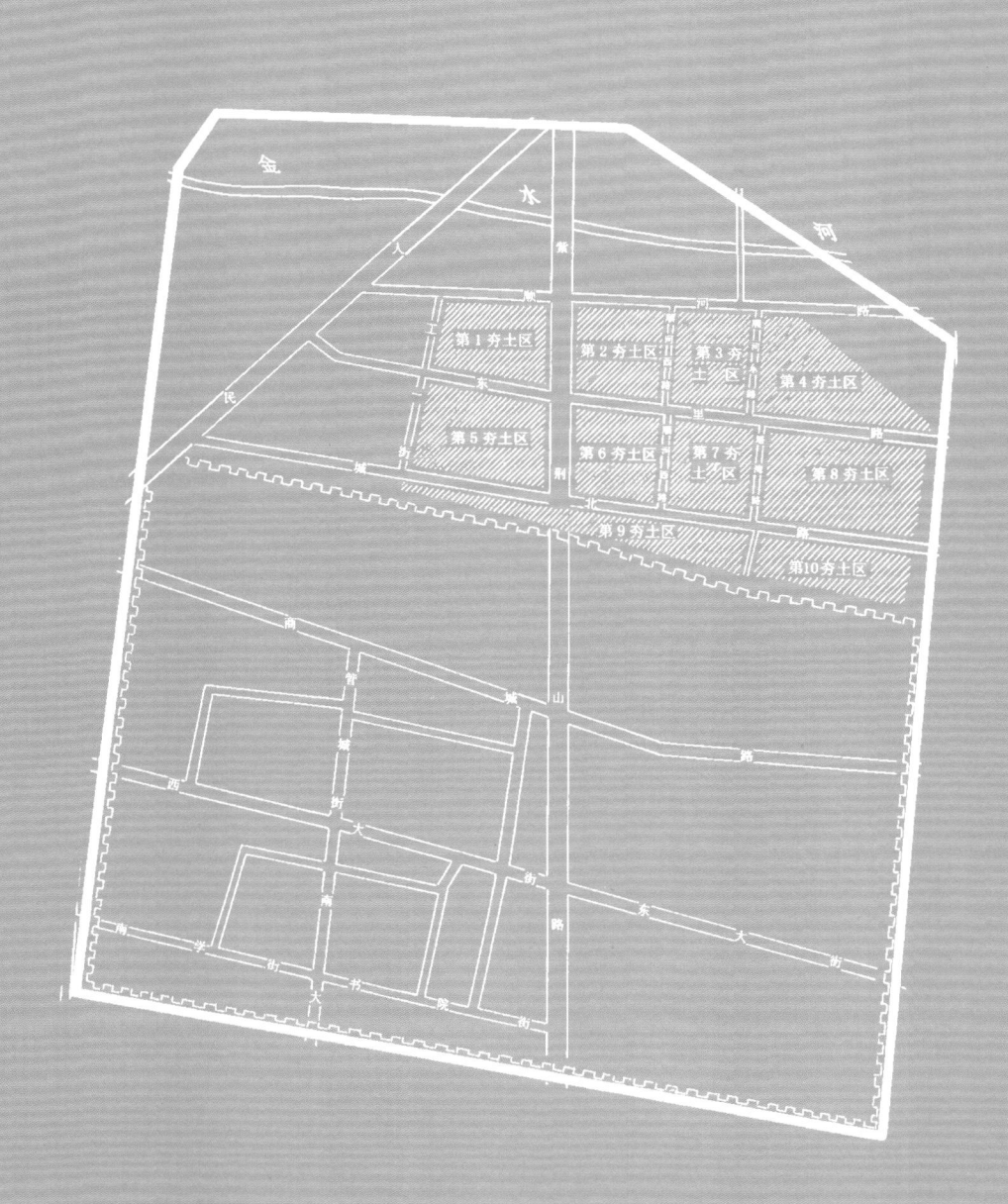

第三部分 创新发展

第三部分 创新发展

新时代,在党和国家及省市各级领导的关心支持下,郑州考古在实践中勇抓机遇,不断创新,积极开拓,获得了前所未有的大发展和新成就:考古发现层出不穷,科技考古应用不断发展,行业装备及视觉形象 VI 系统建设更加规范,文化遗产保护研究成果不断涌现,国内、国际学术交流与合作不断深化,公共考古取得重大进展。

第三部分 创新发展展厅

一、新时代的科技考古

随着现代科学技术的发展，越来越多的新兴科技手段应用到考古发掘、研究和大遗址的保护中，有效提高了信息采集的科学性和广度、深度，大大推动了考古学的研究发展。近年来，郑州市文物考古研究院组建了科技考古中心，购置了诸多科研设备，利用多种科技手段，拓展了自身的考古学研究方法，取得了许多新成果，备受业界关注。

文物科技检测中心

显微拉曼光谱仪

专业应急考古移动实验室

XRF-RAMAN 乾隆壁画墓现场检测

豫二路壁画揭取

二、文化遗产保护成绩斐然

进入 21 世纪以来，郑州市的考古工作在立足郑州市文物保护和考古工作的同时，更加注重文化遗产资源的调查、保护、开发与利用，发挥文物信息与遗址资源在现代城市建设中的作用。登封"天地之中"历史建筑群、中国大运河通济渠（郑州段）入选《世界文化遗产名录》，郑州商城、大河村遗址、新郑郑韩故城等先后被国家文物局批准立项为"国家考古遗址公园"。重要遗址考古发掘文物本体和与文物相伴生的自然环境和文化生态得到有效保护。

经维修后的荥阳故城西城墙

青台遗址保护设计方案

东赵遗址发掘现场

碧沙岗北伐阵亡将士纪念馆大殿维修工程

郑州航空港经济综合实验区台湾科技园宋代壁画墓整体搬迁保护工程

具茨山岩画调查

密县县衙修复设计鸟瞰图

汉霸二王城保护设计方案

双槐树遗址保护工程

三、美美与共　交流互鉴

郑州市文物考古研究院自成立起，历来注重对外合作与交流，"引进来，走出去"战略的实施，拓宽了考古工作者的视野，增强了考古工作的影响力，为郑州市考古文化事业发展不断注入新的活力。郑州市文物考古研究院多次主办或承办高层次、高水平的学术研讨会，并邀请国内知名专家、学者前来开设业务讲座，专业技术人员多次出访海外开展国际学术交流。

美美与共　交流互鉴展厅

第三部分 创新发展

织机洞遗址与东亚旧石器文化国际学术研讨会

嵩山文化学术研讨会

早期夏文化学术研讨会

具茨山岩刻岩画研讨会

娘娘寨两周城址考古新发现座谈会

古荥泽地区古环境与古地理变迁研讨会

东亚牙璋学术研讨会

2018年7月罗马尼亚雅什郡最高行政长官会见中国学术代表团

中埃孟图神庙联合考古队

美国特拉华大学人类学系主任 Karen Roseenberg 和 Tbomas R. Rocek 教授访问郑州市文物考古研究院

彩陶中国——纪念庙底沟遗址发现60周年暨首届中国史前彩陶学术研讨会

第二届世界考古论坛·上海会议

中国考古学会新石器时代考古专业委员会成立大会

《玉汇金沙——夏商时期玉文化特展》暨国际学术研讨会

四、公共考古的探索与实践

近年来，郑州市文物考古研究院开展多种形式的公共考古工作，组织专业人员、利用传媒载体向大众宣传文化遗产保护知识及古都郑州文化。如通过多种传播方式和新闻媒体宣传考古新发现，让公众及时了解郑州考古新动态、新成果；同时立足文物行业独特视角，与众多媒体公司合作，深入发掘文物历史文化信息，以史为鉴，以古为鉴，积极传播历史正能量，建立共享的考古文化公共平台等。

2018年中国文化遗产日主题活动暨第二届全国考古和文化遗产保护优秀漫画作品展

北京大学全国中学生夏令营参观东赵遗址

2011年6月11日中国文化遗产日主题活动

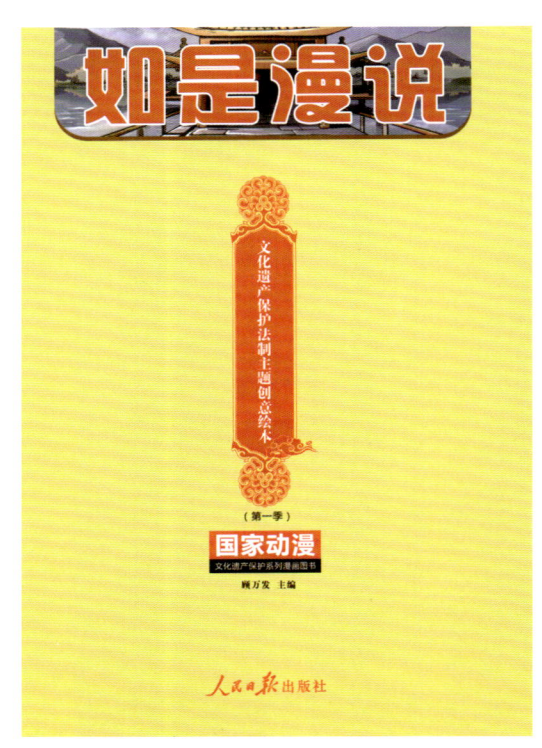

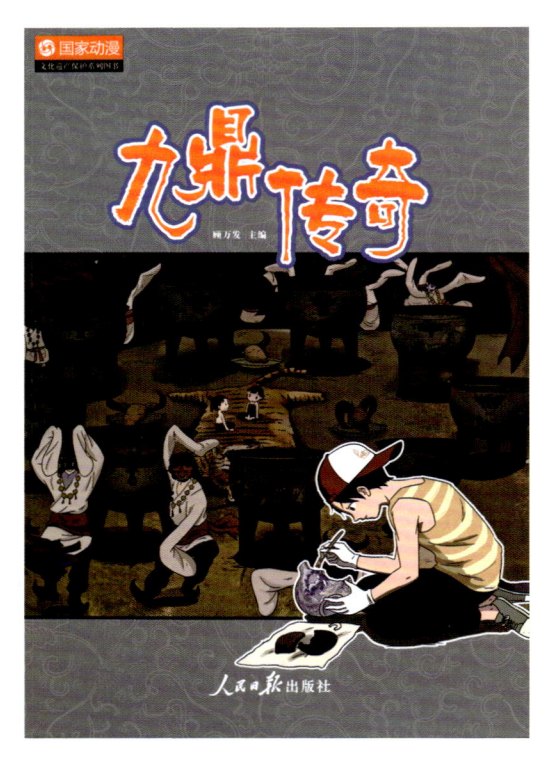

考古科普相关书籍

微电影《殷商传奇之再生缘》 公益宣传片《考古》

第四部分
光辉历程

郑州市文物考古研究院成立60年来，为保护祖国文化遗产不断开拓奋进，砥砺前行，单位规格不断提高，业务范围逐步扩大，科研能力日渐提升，至今已发展为国内外颇具影响力的地市级文物保护和研究专业机构。

第四部分　光辉历程展厅

一、组织机构

郑州市文物考古研究院负责郑州市辖属六县（市）九区7446.2平方千米范围内的文物保护、调查、发掘、研究及古代建筑保护研究与文化遗产规划设计等工作，下设有办公室、文物考古发掘部、文物资料保管部、古建筑保护研究部、文物保护科技部、文化遗产规划设计部、对外联络部共7个部室。

郑州市文物考古研究院

郑州市文物考古研究院考古博物馆

历史沿革

1960 年，郑州市文物工作队（组）成立。

1963 年，并入郑州市文物陈列馆（郑州市博物馆前身），为郑州市文物陈列馆考古发掘组。

1986 年，郑州市文物工作队再次成立。

1995 年，更名为郑州市文物考古研究所。

2006 年，更名为郑州市文物考古研究院。

历届领导

自 1986 年郑州市文物工作队恢复建队，至目前的 30 多年里，郑州市文物考古研究院一共经历了七届领导班子。在历届领导班子的引领下，郑州市文物考古研究院一步步发展壮大，由弱到强，逐渐发展成规范化、系统化、科学化的科研机构，成为一个"尚德、和谐、开拓、奋进"的团队。

第一届

队长：赵清（1986 年 1 月—1987 年 1 月）

副队长：王树仁（1986 年 1 月—1987 年 12 月）

赵清 　　王树仁

第二届

队长：王树仁（1988 年 1 月—1993 年 4 月）

党支部书记：陈立敏（1988 年 10 月—1993 年 4 月）

王树仁 　　陈立敏

第三届

队长：李昌韬（1993年4月—1993年9月）

党支部副书记兼副队长：郭光生（1994年4月—1998年11月）

副队长：张松林（1994年4月—1998年11月）

李昌韬 　　郭光生 　　张松林

第四届

所长：张松林（1998年11月—2004年3月）

党支部书记：郭光生（1998年11月—2001年2月）

副所长：王文华（1998年11月—2004年4月）

张松林 　　郭光生 　　王文华

第五届

所长：张松林（2004年4月—2007年9月）

党支部书记：陈英（2004年3月—2007年9月）

副所长：顾万发（2004年4月—2007年9月）

张松林 　　陈英 　　顾万发

第六届

院长：张松林（2007年9月—2011年）

党支部书记：宋秀兰（2007年9月—2012年）

副院长：顾万发（2007年9月—2011年）

张松林 　　　宋秀兰 　　　顾万发

第七届

院长：顾万发（2011年至今）

副院长：李建和（2011年至今）

副院长：杜新（2011年至今）

顾万发 　　　李建和 　　　杜新

二、硕果累累

60余年来，经过一代又一代郑州考古工作者筚路蓝缕，艰辛探索，考古发现硕果累累。郑州文物考古研究院先后承担了"夏商周断代工程"，长江三峡、南水北调中线干渠工程，"中华文明探源工程"，"考古中国——中原地区文明化进程研究"项目等考古发掘工作及多个国家社科基金重大项目，获中国年度十大考古新发现7项，国家田野考古奖4项，三峡库区年度十项重要考古发现1项；出版学术专著40余本（部），发表简报与论文近千篇，获全国文博考古十佳图书2项、河南省社科联优秀成果一等奖2项等。

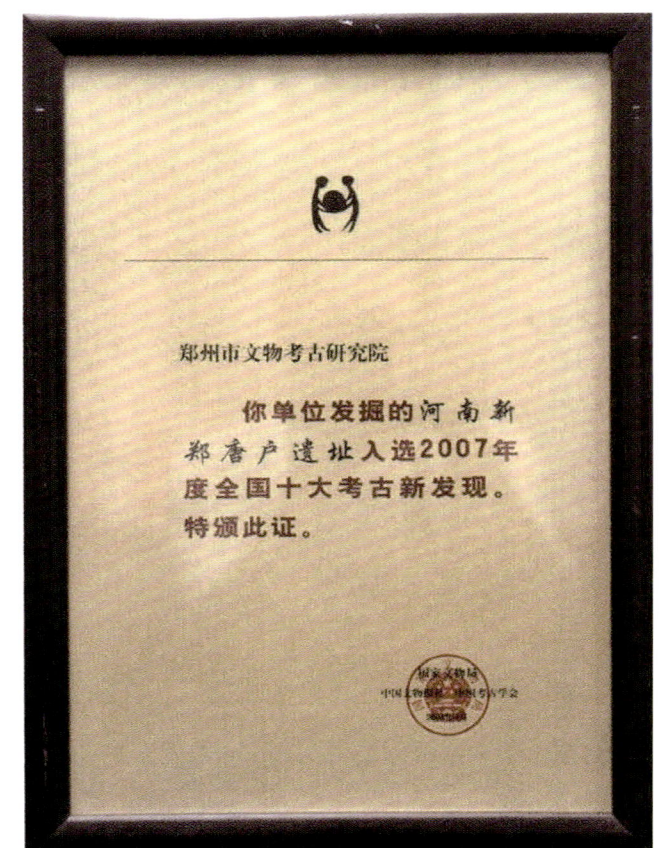

郑州市文物考古研究院所获部分荣誉

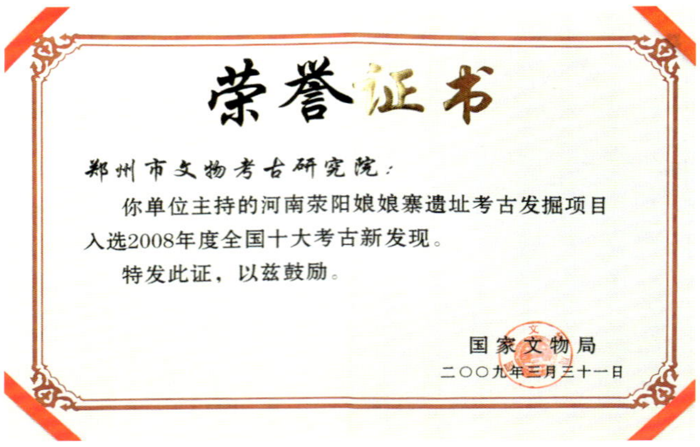

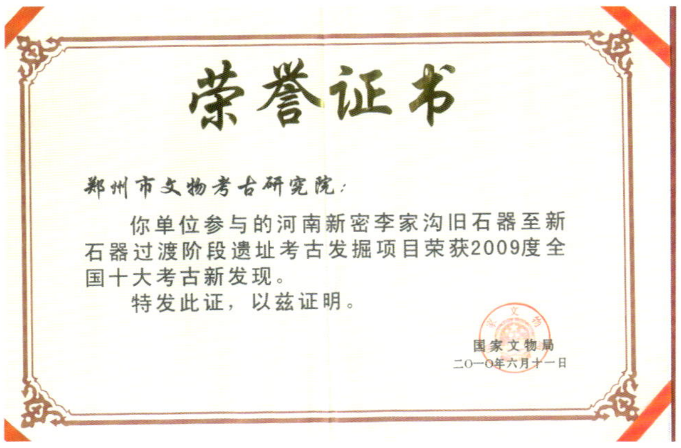

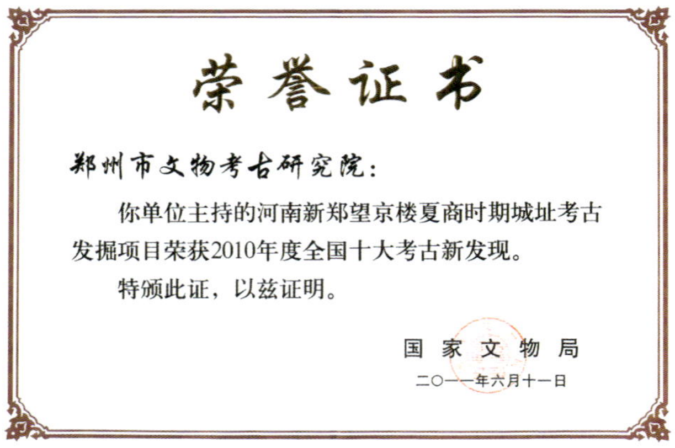

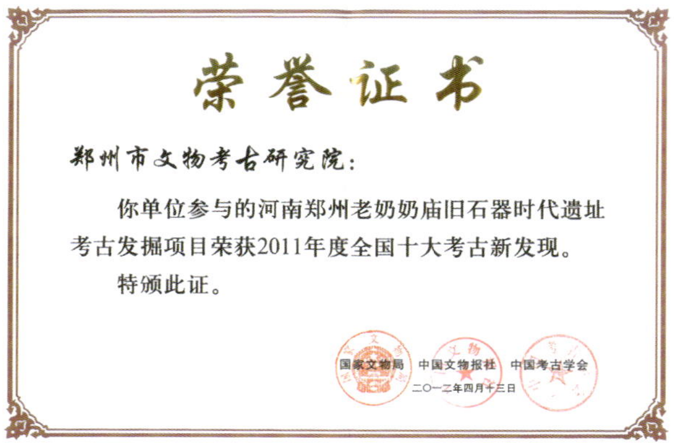

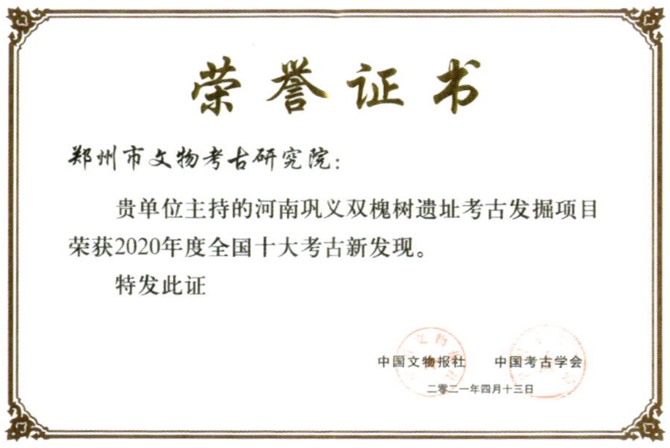

第四部分 光辉历程

郑州市文物考古研究院出版部分图书

结束语

郑州，位居中华民族腹心重地，处"天地之中"。作为华夏文明起源与形成的核心地区和中国统一王朝最早定都之地，从蒙昧氏族社会，到皇皇文明国家，郑州，谱写了中华文明的第一篇章，留下了类型全面、内涵丰富、链条完整、传承有序的历史文化遗产。这些历史文化遗产分布在郑州7000平方千米的土地上，凝聚着华夏文明早期阶段最重要的文化信息，传递着中华民族独特的文化传统、价值和信仰。这些历史文化遗产保存了我们民族最初的历史记忆，佐证了以郑州为中心的嵩山地区在中国文明发展史上无可替代的重要地位，集中反映了中华民族先民的创造力和智慧，展示了中华民族生生不息的传承精神。

后 记

郑州市文物考古研究院考古博物馆之"郑州百年考古"展览的顺利展出，是郑州市文物考古研究院全体人员齐心合作和共同努力的结果。

"郑州百年考古"展览展陈工作始于2017年7月，从项目立项、人员组织、资料收集、文物挑选到展陈设计和工程施工等，历时4年有余，在各方的共同努力配合下，郑州市文物考古研究院考古博物馆及"郑州百年考古"展览于2021年12月向公众开放。

时任院长顾万发统筹展陈大纲的编写与图书成稿的审定，副院长杜新、李建和负责协调相关工作。参与展陈大纲编写及提供资料的人员有信应君、刘彦锋、索全星、姜楠、汪松枝、刘青彬、闫福海、胡亚毅、吴倩、黄富成、汪旭、李曼、张文霞、张倩、宋歌、王丽、焦建涛等；文物的照相工作主要由郝世华承担，图书整理编辑工作由刘彦锋、焦建涛承担。

囿于学识和时间，本书可能存在某些错漏之处，希望大家批评指正。

编者

2022年7月